Wir Landeier kommen aus einer Welt, in der es keine Ampeln gibt, in der Sushi noch Jägerschnitzel heißt und in der das Navi fragt: «Wo sind wir denn hier?» Nun aber soll es zu neuen Ufern gehen: in die Stadt! Und Sie kommen mit! Doch keine Sorge: Es kann Ihnen nichts passieren, denn dieser Stadtführer für Landeier präpariert Sie für alles, was Ihnen in der Stadt begegnen wird – egal, ob internationale Küche, Türsteher, vierspurige Stadtautobahnen oder zweistellige Hausnummern.

Matthias Jung, Jahrgang 1978, lebt mit seiner Familie in Mainz. Nach seinem Pädagogikstudium arbeitete er als Comedy-Autor u.a. für «7 Tage 7 Köpfe» und tritt als Comedian und Kabarettist in ganz Deutschland auf. Zurzeit ist er mit seinem neuen Programm «Jung, komm bald wieder» auf Tour und gibt rund 150 Vorstellungen pro Jahr – u.a. für den «Quatsch Comedy Club», «Nightwash» und das Clubschiff «AIDA». Mehr über den Autor erfahren Sie unter: www.jungmatthias.de

Matthias Jung

MEINE ERSTE AMPEL

Der einzige Stadtführer für Landeier

Rowohlt Taschenbuch Verlag

Originalausgabe
Veröffentlicht im Rowohlt Taschenbuch Verlag,
Reinbek bei Hamburg, Februar 2012

Umschlaggestaltung grafikperle, Hamburg
(Foto des Autors: Christian Bordes)
Fotos Innenteil: Matthias Jung
Satz aus der Rotation (InDesign)
bei Pinkuin Satz und Datentechnik, Berlin
Druck und Bindung Druckerei C. H. Beck, Nördlingen
Printed in Germany
ISBN 978 3 499 62811 5

INHALT

Testverlierer: Hüffelsheim!
Ohne verbesserte Rezeptur.

Als der Raum wieder sicher war, verabschiedete sich die Landmaus von der Stadtmaus mit den Worten: «Vielen Dank für alles, aber hier ist es mir zu gefährlich. Das ist zu viel für mich. Ich mache mich nun wieder auf den Weg nach Hause aufs Land. Lieber esse ich meine Körner in Ruhe, bevor ich so viele gute Köstlichkeiten in Angst und Schrecken essen muss!»

(Lateinische Fabel nach Horaz)

Ich mache das nicht – ich gehe in die Stadt!
Und Sie kommen mit!
Auf geht's!

Gewerbegebiet in der Stadt.

Gewerbegebiet auf dem Land.

VOR(W)ORT

Matthias: «Mutter …, Vater …, ich zieh in die Stadt!»
Mutter: «Ach du Schande, Bub.
Wer fährt denn jetzt mit mir zum Aldi?»

Mein Name ist Matthias Jung, und ich komme vom Land. Dort bin ich aufgewachsen und habe eine traumhafte Kindheit verbracht. Oder, anders ausgedrückt – dort hatte ich Ruhe, Gelassenheit und Mutti. Inzwischen wohne ich seit Jahren in der Großstadt. Nun habe ich Tempo, Stress und keine Mutti. Vom Land der begrenzten Möglichkeiten in die Stadt der unbegrenzten Möglichkeiten – damit kam ich zu Beginn überhaupt nicht zurecht. Obwohl ich die Stadt inzwischen liebe, vergesse ich meine Wurzeln nicht, und so pendele ich seit Jahren zwischen der Großstadt und meinem Kinderzimmer hin und her. Dieses Kinderzimmer befindet sich in einem kleinen Haus, und dieses kleine Haus steht in einem Dorf. Es heißt Hüffelsheim.

WISSEN: Hüffelsheim

Hüffelsheim gehört zur Verbandsgemeinde Rüdesheim im Landkreis Bad Kreuznach in Rheinland-Pfalz. Hüffelsheim liegt auf einem Plateau oberhalb der Nahe am Naturpark Soonwald-Nahe. Der nächstgrößere Ort ist Norheim. Wer Hüffelsheim im Straßenatlas sucht, findet es: in der Ritze.

Die früheste schriftliche Erwähnung fand das Dorf Hüffelsheim – genau jetzt. Das Gleiche gilt natürlich auch für Norheim. Hüffelsheim ist der einzige Ort der Welt, der von der Außenwelt abgeschnitten ist, obwohl es zu keiner Naturkatastrophe kam.

Wer unser Dorf als Letzter verlässt, muss ein «Bin gleich zurück!»-Schild aufhängen. Und trotz alldem – oder genau deshalb – ist es für mich der schönste Ort der Welt.

TOP 3 **Die drei wichtigsten Indizien dafür, dass Hüffelsheim sehr klein ist**

1. Wenn man bei uns den Haustürschlüssel verliert, ist es billiger, das Dorf nachmachen zu lassen.
2. Auf unserer Fußmatte steht nicht «Herzlich willkommen», sondern «Grüß dich, Hans!».
3. Steigt man im Bus vorne aus, ist man schon wieder aus dem Dorf raus.

TOP 3 **Die berühmtesten Zitate von Hüffelsheim-Touristen**

1. «Hinterher ist man immer schlauer!»
2. «Zu Hause ist es doch am schönsten!»
3. «Warum fahren wir noch mal an eine Raststätte?»

Immer mehr Medien widmen sich dem Auszug der Städter aufs Land. Doch wer kümmert sich um die Menschen, die die umgekehrte Richtung einschlagen? Die sind oft hilflos, komplett überfordert und erleben erst mal einen Kulturschock. Und dabei spielt es keine Rolle, ob man in die Stadt zieht, um dort zu leben, oder ob man sich dort lediglich für eine kurze Stippvisite aufhält. Ein Landei wird zwangsläufig mit Problemen und Hindernissen konfrontiert, mit Fragen, die bisher noch in keinem Stadtführer beantwortet werden. Ich jedenfalls hätte mich damals über ein wenig Hilfestellung gefreut, weshalb Sie hier neben vielen nützlichen Tipps auch einen «Wissens-Guide» finden werden, der wichtige Begriffe definiert. Zur weiteren Orientierung und um Ihnen gewisse Unterschiede zwischen Stadt und Land deutlich zu machen, gibt es die sogenannten TOPs.

Damit den Menschen vom Land das Eintauchen in die neue Welt gelingt, möchte ich Ihnen also im Folgenden einige Informationen und Ratschläge geben. Ich mache Sie reif für die Stadt!

Wie Sie merken werden, spielen meine Eltern nicht nur in meinem Leben, sondern auch in diesem Buch eine sehr große Rolle, denn sie sind immer wieder ein gutes Beispiel dafür, wie aufgeschmissen und hilflos man in der Stadt sein kann. Lassen Sie sie mich Ihnen kurz vorstellen: Meine Mutter ist eine typische Mutter. Wenn man bei Google-Bildersuche «Mutter» eingibt, erhält man Fotos meiner Mutter. Sie ist ein herzensguter Mensch, hilfsbereit, putzwütig und immer am Quatschen. Ihr früherer Arbeitgeber hat diesen Umstand mal sehr schön mit den Worten beschrieben: «Frau Jung, eigentlich sind Sie für unsere Firma untratschbar!»

Meine Mutter putzt für ihr Leben gerne. Für viele Menschen ist das kaum nachzuvollziehen, aber es ist wahr. Bei uns zu Hause ist es so sauber, dass man nicht nur vom Boden essen könnte, sondern den Boden selbst. Meine Mutter zu fragen: «Kannst du mir die Wäsche machen?», löst bei ihr in etwa das Gleiche aus, als würde ich zu meinem Vater sagen: «Komm, wir gehen einen trinken!»

In dieser Hinsicht hat sie ein unglaubliches Sendungsbewusstsein: Einmal nistete eine Ratte bei uns in der Garage. Und meine Mutter hat dafür gesorgt, dass sie zweimal am Tag duscht.

Mein Vater ist da ganz anders; er ist eher ein ruhiger Mensch. Es sei denn, er fährt mit der Familie in den Urlaub. Weil er dafür viel Geld bezahlt hat, ist er darauf bedacht, ja alle Vorteile des Urlaubs zu nutzen und zu genießen. Da beschwert er sich auch schon mal und motzt: «Bub, der Strand ist viel zu weit weg vom Hotel!» Selbst wenn ich ihm dann erklären muss: «Vater, ich bitte dich, wir sind im Harz!»

Mein Vater ist kein Freund der langen Rede, was unter anderem auch daran liegt, dass er bei meiner Mutter nicht so leicht zu Wort kommt. Aber wenn er etwas erzählt, tut er es auf eine sehr trockene und nüchterne Art und Weise. Ein Beispiel: Als die ganze Familie mal mit dem Zug in den Urlaub fuhr, saß uns eine Frau mit zum Hahnenkamm hochgeföhnten, blondierten Haaren gegenüber. Die lila Strähnchen darin leuchteten in der Sonne. Als sie den interessiert-fragenden Blick meines Vaters bemerkte, erklärte sie mit schrillem Ton: «Lila ist die Farbe der unbefriedigten Frau!» Mein Vater sagte gedehnt: «Jo!» (lange Pause). «Und das wird auch so bleiben!» Damit war das freundliche Gespräch zwischen zwei Bahnreisenden auch schon wieder beendet.

Neben meinen Eltern werden in diesem Buch noch mein trinkfester und für seine treffenden Analysen der Weltlage bekannter Onkel Erwin, Josef, der erfolgreichste Bauer unseres

Dorfes, und natürlich mein Cousin Jens eine Rolle spielen, der schon seit Jahren in der Großstadt studiert.

Aber jetzt genug des Vor(w)ortes: Sie wissen nun über mein Dorf, meine Eltern und mich Bescheid, ein wenig jedenfalls. Dann kann es also losgehen, es wird spannend – auf geht's in die Stadt!

Bei uns ist leider nicht so viel los.

1. KAPITEL: Die neue Welt

Eines Tages kam meine Mutter mit ernster Miene zu mir und sagte: «Bub, es wird Zeit für eine eigene Wohnung!» Ich erschrak und stammelte: «Okay, meinetwegen, ich komm mit Vater schon allein klar. Ich wünsch dir alles Gute!»

Aber natürlich hatte sie *meinen* Auszug im Sinn. Sie erklärte mir, dass Kinder irgendwann mal das Nest verlassen müssen, draußen den Ernst des Lebens kennenlernen und Erfahrungen sammeln sollen, die für die Zukunft und die eigene Entwicklung wichtig sein können. In Wirklichkeit brauchte sie mein Zimmer als Lager für ihren neuen Staubsauger «Vorwerk 3000»! Den Text vorher hatte sie sich in der Telenovela *Sturm der Liebe* abgeschaut.

Da ich stark mit dem Landleben verbunden war und die Leute sehr mochte, konnte ich mir einen Auszug aus unserem Dorf lange nicht vorstellen. Doch dann entschied ich mich, etwas zu erleben und endlich mit Menschen Bekanntschaft zu machen, deren Lebensläufe meine Mutter nicht en détail kennt.

Ein paar Monate später war es schließlich so weit, und nicht meine Mutter, sondern ich zog in die Stadt – nach Köln. Es kommt ja durchaus häufiger vor, dass Menschen dem Land den Rücken kehren und in die Großstadt ziehen: aus beruflichen oder familiären Gründen, oder weil sie zumindest einmal in ihrem Leben eine zweistellige Hausnummer gesehen haben wollen. Wenn Sie zu diesen Menschen zählen, müssen Sie sich über eines im Klaren sein: Im Großstadtdschungel warten unglaubliche Dinge auf Sie. So kann es beispielsweise passieren, dass Sie plötzlich, ganz unverhofft, überraschend, vor einer Ampel stehen. Wenn es Ihre erste Ampel ist, müssen Sie damit erst einmal zurechtkommen. Möglicherweise stehen Sie auch nichtsahnend an einer Ampel und sehen plötzlich einen Briefkasten, auf dem tatsächlich unter «Leerung» Uhrzeiten stehen und nicht Tage. Atmen Sie tief durch, denn glauben Sie mir: Solche Briefkästen sind in der Stadt keine Seltenheit, sondern mittlerweile Standard. Manchmal werden sie sogar abends geleert!

Der Wunderlichkeiten nicht genug, gibt es Straßen, die eigene Namen tragen, Straßen mit Mittelstreifen und Straßen, deren Hausnummern dreistellig sind – zum Teil und jetzt halten Sie sich fest –, mit Buchstaben! In diesem Fall sollten Sie allerdings zunächst wegschauen, um eine zu starke Reizüberflutung zu vermeiden. Mein Vater hat sich diesem visuellen Input erst nach mehreren Besuchen ausgeliefert. Nun besitzt er ein T-Shirt mit der Aufschrift: «Köln – Venloer Straße 1453 – ich war dabei!»

Machen Ihnen solche Herausforderungen nichts aus, und fühlen Sie sich bereit für etwas Neues? Dann steht einem Besuch oder sogar einem Umzug in die Stadt nichts mehr im Wege.

WISSEN: Landflucht

Seit dem Jahr 2007 wohnt mehr als die Hälfte der Weltbevölkerung in Städten, während 1950 noch 70 % auf dem Land lebten. Nach Prognosen der UNO wird der weltweite Anteil der städtischen Bevölkerung bis 2030 auf über 60 % steigen und im Jahr 2050 rund 70 % erreichen.

Auch in meiner Heimat verlassen immer mehr Menschen unser Dorf. Am besten lässt sich dieser Trend bei der Hüffelsheimer Kirmes beobachten. Dort bildet sich schon nach kurzer Zeit eine immens große Schlange. Jedoch nicht vor dem

Kinderkarussell, der Schießbude oder dem Auto-Scooter. Sondern vor dem Schild mit der Aufschrift: «Junger Mann zum Mitreisen gesucht!»

Was den Umzug in die Stadt angeht, ist es enorm wichtig, dass Sie genug Zeit einplanen. Auch für das Ausleben der vielen emotionalen Momente, die im Vorfeld einer solchen Reise in einen neuen Lebensabschnitt nicht zu unterschätzen sind. So müssen Sie zum Beispiel damit rechnen, dass die gesamte Dorfkapelle zum Abschied spielt, der Männer-Gesangsverein «Kein schöner Land» schmettert, der Bürgermeister in seiner Stretchkutsche mit vier Pferden vorfährt, um eine tränenreiche Rede zu halten, sowie Nachbarn und Freunde lang und breit alles Gute für die Zukunft wünschen. Das war jedenfalls bei meinem ersten Umzug der Fall. Und da bin ich nur bei meinen Eltern vom Kinderzimmer im ersten Stock in den Keller gezogen.

Am Tag meines endgültigen Auszugs war meine Mutter sehr traurig und ließ ihren Gefühlen freien Lauf. Geschluchzte Sätze wie «Bub, bleib doch da!», «Du kannst deine Mutter doch nicht alleine lassen!» und «Wer soll im Mai denn jetzt die Bohnenstange stecken?» häuften sich.

Man muss allerdings dazu sagen, dass meine Mutter einfach immer weint – wirklich bei jedem Anlass. Sie hat sogar geheult, als ich mit dreizehn Jahren mein Seepferdchen gemacht habe. Zugegebenermaßen war das auch eine sehr schwere Geburt, denn ich habe es einfach nicht geschafft, den Ring vom Beckenboden heraufzuholen. Ich wollte und konnte einfach nicht so lange die Luft anhalten. Mittlerweile klappt es allerdings ganz gut, was mir in so mancher Bahnhofstoilette zugutekommt. Meine Mutter schafft es sogar, drei Minuten lang nicht zu atmen, was ihr nach Vaters Toilettengang auf jeden Fall zugutekommt. Sie versucht offensichtlich, das Seepferdchen auf dem zweiten Bildungsweg nachzumachen.

So oder so, schließlich musste sich meine Mutter doch mit meinem Auszug abfinden. Ihre Hauptsorge galt jetzt dem Umstand, ob ich eine Jacke anhatte. Das war, sobald ich das Haus verließ, immer das Allerwichtigste. Sollte ich jemals auf dem «Walk of Fame» in Hollywood einen Stern bekommen und das auf allen Sendern der Welt zu sehen sein, wird meine Mutter immer noch zu meinem Vater sagen: «Da, schau! Jetzt hat der Bub schon wieder keine Jacke an!»

Die meisten meiner Freunde indes freuten sich über meinen Auszug, sahen sie doch darin die Chance, mich zu besuchen und abends so richtig auf die Piste gehen und einen draufmachen zu können. Andere Freunde kommentierten den Umzug lediglich wortkarg mit: «Muh».

Doch irgendwann waren alle Sachen verstaut, die Dorfkapelle sturzbesoffen, die Mutter beruhigt und die Einkaufszettel der Nachbarn im Gepäck verstaut. Ebenfalls mit dabei: mein heißgeliebtes Navigationssystem.

TOP 3 **Was sagt ein Navigationssystem, wenn es nach Hüffelsheim muss?**

3. «Muss ich da wirklich mit?»

2. «Bitte wenden!»

1. «Warum bin ich kein Toaster geworden?!»

TOP 3 **Was sagt ein Navigationssystem, wenn es in Hüffelsheim ankommt?**

3. «Wo sind wir denn hier?»
2. «Bitte, bitte, bitte wenden!»
1. «Warum bin ich immer noch kein Toaster geworden?!»

Es ist bereits mein zweites Navi. Das erste hat meine Mutter auf dem Gewissen. Sie benutzte häufig mein Auto und fährt leider so schlecht, dass die Stimme irgendwann krächzte: «Ich habe mein Burnout-Syndrom erreicht!» Selbst nach einer aufwendigen Reparatur war es nie wieder dasselbe. Sobald ich es in den Zigarettenanzünder steckte, um es anzuschließen, wurde es so verzweifelt, dass es ausschließlich den Weg zu einem Bahnübergang oder zu einem Fluss anzeigte.

Aber mit meinem neuen Navigationssystem bin ich äußerst zufrieden. Für die Anweisungen habe ich eine Prominenten-Stimme ausgewählt: die des Paten aus dem gleichnamigen Film. Am Anfang war das zugegebenermaßen etwas gewöhnungsbedürftig, denn sobald ein holländisches Fahrzeug vor mir fährt, sagt der Pate: «Lass es wie einen Unfall aussehen!» Aber das ist nichts gegen die Navi-Stimme im Auto meines Vaters: Barack Obama. Meinem Vater gefiel dessen positive Art. Wenn er im Parkverbot parkt, sagt Obama: «Yes, we can!» Und wenn meine Mutter auf der Fahrerseite einsteigt: «We need a change!» Die Fahrkünste meiner Mutter hatten sich wohl unter den Navis rumgesprochen.

Für meine Mutter ist ein Navigationssystem immens wichtig, denn sie hat keinerlei Orientierungssinn, in einer Großstadt schon mal gar nicht. Ich hatte früher mal eine Fototapete von New York an meiner Kinderzimmerwand. Das hat meine Mutter so verwirrt, dass mein Vater sie regelmäßig am Times Square abholen musste – zwischen meinem Schreibtisch und meinem Bett.

Meine Mutter könnte auch nie Formel 1 fahren, sie würde es sogar schaffen, auf einem Rundkurs falsch abzubiegen.

Außerhalb ihres Hauses fühlt sie sich so orientierungslos, dass sie ständig fragt: «Ob wir hier richtig sind?» Ich beruhige sie dann immer mit den Worten: «Mutti, warte doch erst einmal ab. Wir sind gerade erst aus der Garage gefahren!» Das ist zuweilen recht nervig. Stellen Sie sich vor, Ihr Flugzeug stürzt mitten in der Sahara ab, alle Passagiere überleben. Sie steigen aus dem Flieger aus, und das Erste, was Sie vernehmen, ist der Satz meiner Mutter: «Ob wir hier richtig sind?» Glauben Sie mir, das wollen Sie in dem Moment nicht hören! Wäre ich unter den Passagieren, würde sie mich sofort auffordern: «Bub, zieh dir eine Jacke an!» Das will *ich* in der Wüste auf keinen Fall hören.

Wenn Sie mit einem ähnlichen Orientierungssinn gesegnet sind wie meine Mutter oder angesichts zweispuriger Straßen gerne mal in Panik geraten, sollten Sie sich also für Ihre Fahrt in die Stadt unbedingt ein Navigationsgerät besorgen. Und dann: ab auf die Autobahn und herzlich willkommen im Land der unbekannten Nummernschilder!

Ihnen wird bei dem Gedanken sicherlich etwas schwindelig. Das kann natürlich an der Angst vor dem Unbekannten liegen oder daran, dass Sie nicht mehr durch die gewohnten tiefen Schlaglöcher oder auf geteerten Feldwegen fahren müssen, sondern mit der Autobahn eine qualitativ hochwertige Straße befahren dürfen.

Fährt man in die Stadt rein, ist man sofort beeindruckt. Die Hochhäuser und vor allem die Wolkenkratzer wie in Frankfurt faszinieren jedes Landei. Ich bin dort in den ersten Tagen jedenfalls stets mit nach oben gerichtetem Blick durch die Straßen gelaufen und dachte: Ist das aber groß hier! In unserem Ort Hüffelsheim gehen die wenigen Touristen, die es per Zufall oder Schicksal hierher verschlagen hat, eher mit gesenktem Kopf durch die Straßen. Sie denken: Hoffentlich sieht mich keiner!

WISSEN: Wolkenkratzer

Als Wolkenkratzer bezeichnet man Hochhäuser, die üblicherweise mehr als 100 Meter Höhe vorweisen. Das höchste Gebäude der Welt steht in Dubai und ist 828 Meter hoch. Als ich das meinem Vater erzählte, sagte er nur: «Da ist Mutter ja drei Tage unterwegs, wenn sie Bier aus dem Keller holen soll!» Ich habe meine staunenden Eltern dann über die Existenz von Aufzügen aufgeklärt.

Als einen der ersten Wolkenkratzer kann man die Cheopspyramide (146 Meter) im alten Ägypten bezeichnen. Damals wie heute werden Wolkenkratzer als Symbole für Wachstum und wirtschaftliche Macht angesehen. Die wirtschaftliche Macht Kölns wurde mir ebenfalls durch ein Plakat an einem Hochhaus vor Augen geführt: «Saturn – viermal in Köln!» Das ist schon äußerst faszinierend und zeigt, wie groß diese Stadt wirklich ist. In Hüffelsheim haben wir jetzt auch einen Schriftzug an der Wand unserer Gemeindehalle angebracht mit der Aufschrift: «Haus – viermal in Hüffelsheim!» Auch irgendwie faszinierend.

TOP 3 **Welches sind die höchsten Gebäude der Welt?**

1. 828 Meter: Burj Khalifa (Burj Dubai), Dubai

2. 509 Meter: Taipei101, Taipei (Taiwan)

3. 492 Meter: Shanghai World Financial Center, Shanghai (China)

Welches sind die höchsten Gebäude Europas?

1. 268 Meter: Naberezhnaya Tower C, Moskau (Russland)
2. 264 Meter: Triumph-Palace, Moskau (Russland)
3. 259 Meter: Commerzbank Tower, Frankfurt (Deutschland)

Welches sind die höchsten Gebäude in Hüffelsheim?

1. 4,12 Meter: Hochsitz vom Förster Heini
2. 2,14 Meter: Bauer Josef
3. 2,03 Meter: mein Bravo-Starschnitt von Michael Jordan

Doch halt, ein hohes Gebäude haben wir: Es ist ein Sechs-Familien-Haus, in dem unter anderem eine ausländische Familie lebt. Meine Mutter nennt das Kind immer Mehmet, obwohl es gar nicht so heißt. Die Familie sieht das aber ganz locker, auch wenn sie eigentlich aus Zürich stammt.

Die «echten» Ausländer, die zu uns kommen, sind allerdings immer sehr begeistert von unserem kleinen Örtchen. Gerade auch, weil wir keine Hochhäuser haben. Ein Besucher aus der Türkei stellte vor kurzem überrascht fest: «Krass, alle Häuser tiefer gelegt!»

Ich bin immer begeistert, wenn Touristen unser Dorf überhaupt finden. Vielleicht haben sie aus Langeweile spaßeshalber «Atlantis», «Bernsteinzimmer» oder «Schlumpfdorf» in ihr Navi eingeben.

Einige der Ausländer erhoffen sich bestimmt, dass sie nach ihrem Aufenthalt hier perfektes Deutsch sprechen können. Aber da müssen wir Hüffelsheimer sie leider enttäuschen. Das können wir nicht leisten. Wir sprechen selbst kein Deutsch. Meine Mutter redet in einem so starken Dialekt, dass ich manchmal denke, ich bin das einzige Kind, das keinsprachig aufgewachsen ist.

Während es in Dörfern wie Hüffelsheim kaum Menschen mit Migrationshintergrund gibt, leben in einem Mehrfamilienhaus in der Stadt wie dem, in das ich gezogen bin, viele ausländische Familien. Dort geben sich Türken, Polen und Deutsche die Klinke in die Hand. Auf dem Land kennt man solch eine Konstellation höchstens aus der nächsten Kleinstadt – und dort auch nur von der Aldi-Kasse.

Ich fühle mich in dem Viertel, in dem ich inzwischen wohne, jedenfalls sehr wohl. Es gibt eine bunte Auswahl an Cafés und Geschäften und neben den üblichen Lebensmittelläden auch sehr teure Butiken, zum Beispiel eine Aral-Tankstelle. Die Benzinpreise sind ja ein leidiges Thema, und wenn man in die Stadt zieht, muss man sich die Frage stellen, ob ein Auto überhaupt nötig ist. Ein Liter Diesel kostet gerne mal 1,40 Euro, dafür bekomme ich im «Goldenen Ochsen» in Hüffelsheim einen Liter Bier!

Grundsätzlich bleibt es natürlich Ihnen überlassen, wo Sie in der Stadt hinziehen. Es gibt allerdings einige wichtige Dinge zu berücksichtigen. Wenn Sie etwa unter Höhenangst leiden, sollten Sie dies unbedingt bei der Wohnungswahl beachten. Ich wohne nämlich im 5. Stock, und da kann so ein Blick vom Balkon nach unten schon etwas beängstigend sein. Allerdings bieten sich Ihnen durch die Nähe zum Himmel auch ganz neue Möglichkeiten. Sie müssen keine Flüge mehr im Internet buchen, sondern gehen auf den Balkon und sagen: «Ich frag mal den Pilot, ob noch was frei ist!»

Die Wohnungssuche in Köln gestaltete sich nicht gerade einfach, denn ich musste mich durch diverse Anzeigenblätter quälen, die mir so manchen Aha-Effekt bescherten: Bei «50 warm» muss es sich nicht unbedingt um eine Wohnungsanzeige handeln. Jedenfalls nicht in Köln!

TOP 3 **Die beliebtesten Wohnungen in der Großstadt**

1. Maisonette
2. Penthouse
3. Apartment

Die beliebtesten Wohnungen auf dem Land

1. Scheune
2. Mutti
3. Scheune bei Mutti

Bevor der Umzugswagen kommt, sollten Sie in jedem Fall klären, wo er parken könnte, denn die Parkplatzsituation in den Städten ist wirklich dramatisch. Einen freien Parkplatz zu finden gleicht einem Lottogewinn.

Im Idealfall platzieren Sie den eigenen PKW vor dem Hauseingang – oder irgendwelche alten Stühle, die Sie ruhig mit einem Handtuch versehen können. Oder Sie stellen, so wie ich es getan habe, einfach Ihren Vater hin, damit der Platz frei bleibt. Meine Mutter war auf die Idee gekommen: «Nimm halt irgendwas, was man nicht mehr braucht und das ruhig wegkommen kann!»

Wenn Sie den freien Platz erfolgreich verteidigt haben und der Umzugswagen anrollt, machen Sie sich darauf gefasst, dass sich ein Nachbar auf sein Kissen im Fenster lehnen, die Szenerie des Einparkens genau verfolgen und eingreifen wird, wenn es irgendetwas zu meckern gibt. Und es wird etwas zu meckern geben, glauben Sie mir. Diesen Menschen bitte nicht beachten und sich vor allem nicht von ihm in die Parklücke einweisen lassen.

TOP 3 **Sätze, die jeder Hobby-Parkeinweiser von sich gibt**

3. «Da ist noch so viel Platz!»
2. «Geht noch! Geht noch!»
1. «Das kann ja mal passieren!»
   (Ergänzung: «Mir nicht, denn ich fahre seit vierzig Jahren unfallfrei!»)

So wichtig die Eltern bei einem Umzug sind, vor allem, wenn der Umzug auch Ihr Auszug aus dem Elternhaus ist, sollten Sie Ihnen nur Aufgaben anvertrauen, bei denen Sie das Gefühl haben, dass sie sie wirklich ausführen können. Meine Eltern kann man jedenfalls nicht gerade als Umzugsprofis bezeichnen.

So schrieb mein Vater auf jeden Umzugskarton unseren Familiennamen: «Jung». Dabei hatte ich ihn eigentlich gebeten draufzuschreiben, in welches Zimmer die Kartons gestellt werden sollen. Ist doch logisch: Wenn sich Teller in einem Karton befinden, schreibt man «Küche» auf den Karton. Bei Handtüchern und Zahnputzbechern «Badezimmer», bei Büchern «Wohnzimmer». Da nur ich in die kleine Zweizimmerwohnung einziehen wollte und überraschenderweise keine zusätzlichen Großfamilien, war das mit dem Namen «Jung» auf jedem Karton eher überflüssig und ist deshalb nicht zur Nachahmung empfohlen.

Nehmen Sie sich außerdem in Acht vor gutgemeinten Einzugsgeschenken. Meine Mutter überreichte mir stolz ein Präsent, das leider an Hässlichkeit kaum zu überbieten war: ein pinkes, riesig großes Porzellanpferd. Sie betonte, dass dies ein Familienerbstück sei, immer bei meiner Oma gestanden hätte und nun mir Glück bringen solle. «Dein Vater hat es Mr. Ed getauft, wie das sprechende Pferd!»

Eigentlich lag mir auf der Zunge: «Wenn es sprechen könnte, würde es sagen: ‹Sehe ich scheiße aus!›», doch ich atmete tief durch und bedankte mich artig. Mein Vater sollte es erst einmal wieder in einem Karton verpacken, woraufhin er vorsichtig fragte: «Soll ich da jetzt ‹Wohnzimmer› draufschreiben?» Meine Mutter lachte und sagte: «Schreib doch ‹Stall›!» Ich murmelte vor mich hin: «Nee, lieber ‹Müll›!»

Mein Vater ging nicht auf unsere Vorschläge ein: «Ich schreib den Ort drauf, wo sich das Pferd am wohlsten fühlen würde.» Da meinte ich: «Dann schreib ‹Nichts wie zurück zu Oma›!»

Wenn Sie Ihren Umzug planen, sollten Sie bedenken, dass sich zwar beim Auszug meist viele Helfer einfinden, man beim Einziehen jedoch kaum Unterstützung hat – schließlich kennt man noch niemanden in der Stadt. Deshalb empfehle ich Ihnen, jede Hilfe in Anspruch zu nehmen, die Sie bekommen können. Wenn also gerade ein Nachbar die Treppen hochgeht – geben Sie ihm ruhig einen Karton in die Hand, und lassen Sie sich auch durch seine Frage «Warum steht da Jung auf dem Karton?» nicht entmutigen. Haben Sie keine Angst, ihn zu überanstrengen. Im Gegenteil. Im Nachhinein wird er Ihnen sogar dankbar sein, dass er endlich mal wieder etwas für seine Fitness getan hat. Auch wenn er am Ende etwas angestrengt aussieht, weil Sie ihn die Kartons mit der Aufschrift «Kissen» haben tragen lassen, in denen jedoch Ihre Bücher verpackt waren.

Je mehr Menschen man in den Prozess des Auspackens und Ausräumens mit einbezieht, desto schneller wird man fertig. Wenn sich, wie bei meinem Umzug, gerade Zeugen Jehovas im Hausflur rumdrücken, sollte man ihnen ohne zu zögern die

Waschmaschine in die Hand geben. Auch durch ein mühsam hervorgepresstes «Die ist aber schwer!» sollten Sie sich nicht einschüchtern lassen. Mein Vater entgegnete einfach: «Vielleicht, aber sie war auch teuer! Die kann sogar Gehirnwäsche!» Mein Vater wusste leider, wer und was die Zeugen Jehovas sind. Das war natürlich sehr peinlich, als einer von ihnen fragte: «Welcher Stock?», und mein Vater antwortete: «Bitte noch drei Stockwerke, den ganzen Wachturm rauf!»

Am Ende waren die Zeugen Jehovas dann ziemlich erschöpft, wollten aber trotzdem mit mir und meinen Eltern über Gott reden und baten mich sogar, mich ihnen anzuschließen und mit ihnen zu leben. Enthusiastisch rief ich aus: «Bin dabei, dann kann die Waschmaschine direkt wieder runter!»

Da waren sie auf einmal ganz schnell weg. Schade eigentlich. Meine Mutter rief ihnen noch ein «Dankeschön» hinterher, während mein sensibler Vater etwas empört hinzufügte: «Und was ist mit dem Trockner?»

Kurze Zeit später kam meine Mutter mit einem Mann die Treppe hoch, der stark schwitzte, angestrengt atmete und meinen Fernseher trug. Ich war zunächst sehr erfreut über die neue Umzugshilfe, fragte dann aber sicherheitshalber doch meine Mutter: «Wer ist das denn?» – «Keine Ahnung, der hat deinen Fernseher gesehen und fand ihn toll, der ist von so einer Firma, GEZ oder so ähnlich heißt die.» Seitdem zahle ich auch jeden Monat brav meine GEZ-Gebühren. Danke, Mutti!

Im Laufe Ihres Einzugs oder kurz danach werden Sie einen Menschen kennenlernen, der Ihnen bei allen Unannehmlichkeiten und Problemen im Haushalt zur Seite steht. Nein, nicht Ihre Mutter. Es ist der Hausmeister! Auf dem Land gibt es diese Spezies zwar auch, aber eigentlich kennt man sie nur aus der Schule.

Ich habe unseren Schul-Hausmeister immer heimlich beobachtet, wie er den Dreck unter den Teppich kehrte. Meine Mutter macht das zwar auch manchmal, aber nur, weil sie sich was für schlechte Zeiten aufheben will.

WISSEN: Hausmeister

Ein Hausmeister (auch: Hauswart oder Portier) sorgt für Ordnung und Sauberkeit und kümmert sich um die Haustechnik. Übliche Aufgaben sind beispielsweise das Reinigen der Korridore, das Auswechseln durchgebrannter Glühbirnen, das Ablesen des Strom- bzw. Wasserzählers und die allgemeine Aufgabe, innerhalb des Hauses oder der Wohnanlage «nach dem Rechten» zu sehen. Außerdem ist er mit den Lebensläufen und Gewohnheiten der Mieter bestens vertraut. Wie schön, dass meine Mutter zumindest in diesem Bereich direkt ersetzt werden konnte.

Der Hausmeister lebt oft mit im Haus und stellt sich Ihnen in der Regel noch am Umzugstag vor. Mit ihm sollten Sie sich von Anfang an gut stellen, da er die eigentliche Macht im Hause hat und wahrlich in allen Lebenslagen kompetenter Ansprechpartner sein kann. Ob man alle drei Monate einen Elternsprechtag einberufen sollte, wie meine Mutter es bei meinem Hausmeister einführte, sei einmal dahingestellt.

Für mich persönlich leistete Herr Schneider jedenfalls unschätzbare Hilfe, als meine Badezimmerlampe kaputtgegangen war und ich mir im Baumarkt eine neue Neonröhre besorgen musste. Nachdem ich sie erfolgreich angebracht hatte, fiel mir direkt ihr leicht schummriges, blaues Licht auf. Sollte sie nicht weiß leuchten? Und zwar hell? Hier konnte nur mein Hausmeister weiterhelfen. Als ich ihn kurze Zeit später im Hausflur traf, zeigte ich ihm die für meine Begriffe normale Neonröhre. Er schaute sich die Verpackung an und sagte: «Aber Herr Jung, das ist eine Lampe fürs Aquarium!» Ich schaute ihn verdutzt an. «Das blaue Licht! Sind Ihnen nicht die Fische auf der Verpackung aufgefallen?» – «Schon, ich dachte noch, och guck mal, wie nett – mit Fischen!»

Auch als ich im Winter ein Vogelhäuschen gebaut habe, hat mir der Hausmeister sehr geholfen. Er hat ein Schild davorgehängt mit der Aufschrift: «Vögel haften für ihre Kinder!» Sooo krumm und schief war es gar nicht, fand ich. Als sich jedoch einmal eine dicke Taube daraufsetzte und sofort probierte, mit ihrem gekrümmten Schnabel ein wenig für Ordnung zu sorgen, kamen mir doch Zweifel an meinem handwerklichen Geschick. Ich nannte sie «die Tine Wittler der Tierwelt».

Ganz bitter wurde es jedoch, als ich einen Spatz beobachtete, wie er sich aus einer Nuss einen Helm bastelte, bevor er sich in das Vogelhäuschen traute. Der Hausmeister sagte nur: «Sehense, Herr Jung, der Spatz hat handwerklich mehr drauf als wie du!»

Inzwischen hat der hiesige Baumarkt mir aufgrund meiner beiden linken Hände verboten, weiterhin Werkzeug dort zu kaufen. Anscheinend hatte Herr Schneider die Mitarbeiter gewarnt. Sie betonten, dass es nur zu meinem eigenen Schutz sei. Dafür bekomme ich jetzt zwanzig Prozent auf Tiernahrung.

Achten Sie also auf ein gutes Verhältnis zu Ihrem Hausmeister. Er wird Ihnen auch helfen, wenn Sie mal Ihren Briefkastenschlüssel verloren haben. Das kann Ihnen in der großstädtischen Hektik durchaus passieren, vor allem, da Sie mit Ihrem neuen

Briefkasten nicht sofort vertraut sein werden. Auf den ersten Blick unterscheidet er sich zwar nicht wirklich von denjenigen auf dem Dorf. Doch Sie werden feststellen, dass es ein kleines Detail gibt, das den Unterschied ausmacht. Ein ganz kleines Zettelchen, das auf dem Briefkasten angebracht ist und die Aufschrift: «Bitte keine Werbung» trägt.

TOP 3 **Sätze, die in der Stadt auf Briefkästen stehen**

3. Bitte keine Werbung (normale Wohnung)

2. Bitte keine Werbung – außer für Schuhe (Frauen-WG)

1. Komm hoch, ich hab gekocht (Single-Wohnung) alternativ: Komm hoch, ich hab gekocht, bring Bier mit! (Single-Wohnung eines Studenten)

Sätze, die auf Briefkästen auf dem Land stehen

3. Bitte Werbung!

2. Bitte, bitte Werbung!

1. Bitte, bitte, bitte Werbung!

Hier in der Stadt befindet man sich in einem wahren Werbeprospekte-Eldorado. Kaum war ich eingezogen, habe ich sofort das «Bitte keine Werbung»-Schild auf meinem Briefkasten gegen «Bitte Werbung!» ausgetauscht. Mittlerweile besitze ich Hunderte von Flyern von Pizzaservices, Dönerläden und chinesischen Restaurants. Wenn ich Heimweh nach Hüffelsheim habe, rufe ich dort an. Und erfreue mich an dem Gedanken, wie schön es ist, in einer Großstadt zu leben. Endlich mal ein Pizzaservice, der tatsächlich liefert. Mittlerweile rufe ich auch dort an, wenn ich gar nichts bestellen will. Einfach nur wegen des guten Gefühls.

Wollen Sie Ihren Briefkasten in der Stadt leeren, sollten Sie darauf achten, dass Sie dabei angezogen sind. Was Ihnen vielleicht wie eine Selbstverständlichkeit erscheint, ist es für viele Landeier nicht. Als meine Eltern einmal in meiner Wohnung in Köln übernachtet haben, holte mein Vater in Unterhose und Schiesser-Feinripp-Unterhemd die Zeitung aus dem Briefkasten. Wenn der Briefkasten ein Navi wäre, hätte er beim Anblick meines Vaters direkt gesagt: «Bitte wenden!»

In Hüffelsheim ist dieser Anblick indes nichts Ungewöhnliches. Da trifft man am frühen Morgen meist eh niemanden, und wenn doch, dann kennt derjenige meinen Vater. Eine Dame aus der Nachbarschaft hat ihrem Mann sogar mal die gleichen Unterhemden gekauft, wie mein Vater sie trägt, weil sie ihn darin morgens hatte zu unserem Briefkasten gehen sehen.

Aber in der Stadt ist es eher unangebracht, dass türkische Kinder – die wirklich Mehmet heißen und nicht aus Zürich kommen – meinen Vater als Unterwäschemodel durchs Treppenhaus laufen sehen. Aber als ich mit ihm schimpfte: «Du bist hier in einem Mehrfamilienhaus. Da hättest du ruhig mal drauf Rücksicht nehmen können!», erwiderte er nur: «Das hab ich doch! Hab mir extra Hausschuhe angezogen!» In solchen Momenten bin ich mir dann wirklich sicher: Die Entscheidung für den Umzug war richtig.

Ich war auch nach dem anstrengenden Umzugstag froh, als ich endlich meine Ruhe hatte. Doch in der Stadt sollten Sie sich darauf gefasst machen, dass Sie die ersten Nächte unter Umständen nicht gut schlafen werden, da die Geräuschkulisse doch gewöhnungsbedürftig kann. Gerade in den echten Großstädten geht es sehr laut zu, ich sehne mich jedenfalls oft nach Ruhe. In Frankfurt habe ich deshalb mal einen Einheimischen gefragt:

«Wo gibt es denn hier einen Ort der Stille?» Er antwortete: «Geh einfach zu einem Heimspiel der Eintracht!»

Ich verrate Ihnen einen Trick, wie Sie dem Lärm der Großstadt entfliehen können. Bei mir funktioniert er wunderbar: Ich rufe einfach bei einem der Pizzaservices an und frage: «Liefert ihr auch nach Hüffelsheim?» Dann hab ich es wieder – dieses Schweigen, diese Ruhe und Stille.

Auf dem Dorf ist man dagegen ständig umgeben von Stille. Sie wird höchstens einmal durch das Zirpen der Grillen oder den Dirigenten der Dorf-Kapelle unterbrochen, der nach der Probe, Udo-Jürgens- und Marianne-Rosenberg-Lieder singend, volltrunken durch unsere Straßen wankt. Morgens hört man einen Hahn ein paar Häuser weiter krähen. Er ist etwas anders als andere Hähne, denn er kräht alle zehn Minuten – und das bis morgens um elf. Unter Hüffelsheimern gilt er als Vorläufer der Schlummertaste!

Die Schlummertaste zählt ja mittlerweile zu den beliebtesten Methoden des Weckens. Man wird geweckt, drückt auf eine Taste, und ein paar Minuten später geht der Alarm wieder los. Mein studierender Cousin Jens hat neulich fünfmal hintereinander die Schlummertaste seines Handys betätigt. Als der Alarm zum sechsten Mal losging, hat er vor lauter Müdigkeit und Wut das Gerät genommen und in die Ecke geschleudert. Das Handy ging glücklicherweise nicht kaputt – aber das war vielleicht ein Krach im Hörsaal!

Da meine Mutter mich morgens nicht mehr wecken kann, musste ich mich in der Stadt auf die Suche nach einem nicht menschlichen Wecker machen. Mittlerweile haben Wissenschaftler ja die unterschiedlichsten Methoden entwickelt, um den Schläfer so sanft wie möglich in den Tag zu geleiten. Besonders zu empfehlen sei ein Gerät, so erklärte man mir bei *Saturn*, das keinerlei Geräusche mache, sondern den Raum von Minute zu Minute in helleres Licht tauche, so lange, bis man davon schließlich aufwache. Mich hat das nicht überzeugt; auf dem Land nennt man so etwas einfach «Fenster».

Sie werden in der Stadt bald feststellen, dass Ihr Nachtschlaf häufig nicht erst vom Wecker beendet wird. Der Grund: Die Wohnungen sind mit sehr dünnen Wänden ausgestattet. Bei mir vergisst zum Beispiel der schwerhörige Opa von nebenan gern, seinen auf höchste Lautstärke geregelten Fernseher auszustellen, was dazu führt, dass ich VIVA-Musikvideos mit «Frühlingsfest der Volksmusik»-Untermalung schauen darf. Dann singt Florian Silbereisen auch schon mal das «Kufstein-Lied» in der «Rammstein»-Version. Ich wünsche mir in solchen Momenten eher «Breaking the Wall» von Pink Floyd oder eine Fernbedienung, die durch die Wand funktioniert. Warum hat die eigentlich noch keiner erfunden? Man könnte doch herrliche Streiche damit spielen!

Wenn die Beziehung der Nachbarn in Takt ist, müssen Sie mit weiteren Störgeräuschen rechnen. Das sind dann immer ganz besondere Nächte, in denen ich wach liege, mich hin und her wälze und denke: Ich könnte ja eigentlich mal wieder zelten gehen! Oder: Ist ja fein, dass die Dr. Sommer-Rubrik aus der Bravo verfilmt wird, aber mir hat das Buch besser gefallen! Und schließlich überlegte ich sogar: Soll ich jetzt rübergehen, meinen bösesten Blick aufsetzen und zu den beiden sagen: «Ich habs gewusst! Du hast doch noch was mit deinem Mann!?» Aber dann wären wohl laute Streitereien die Folge.

Eigentlich müsste ich mich bereits an dieses Geräusch gewöhnt haben, denn ich kenne es von zu Hause, als mein Kinderzimmer noch neben dem Schlafzimmer meiner Eltern lag. Eines Morgens schaute mich mein Vater mit dieser bestimmten Jetzt-komm-etwas-Wichtiges-Miene an, doch bevor er loslegen konnte, sagte ich schnell: «Vater, ich möchte nicht darüber reden!» Und mein Vater meinte: «Macht nix, Bub, ich hab ja alles auf Video!»

Wenn Sie nach einer hoffentlich erholsamen Nacht wach werden, steht am ersten Morgen in der Stadt nicht nur das Auspacken auf dem Programm, sondern auch das Ummelden dürfen Sie auf keinen Fall vergessen.

Hierbei kann ich Ihnen nur empfehlen, genug Zeit einzuplanen. Manche raten sogar, sich eine Zeitung mit aufs Amt zu nehmen. Das halte ich allerdings nicht für sinnvoll. Sie bleiben so lange, da lohnen sich schon ein Fernseher, eine Waschmaschine und ein Jahres-Abonnement für die Zeitung.

Auf meinem Wartezettel stand damals die Nummer 112 und 63 auf dem Gerät, das anzeigte, welche Nummer gerade dran war. Ich vermute, dass dieses nicht ohne Grund außer Reichweite oben an der Decke angebracht war, denn sonst wäre es bestimmt schon von einem wütenden Wartenden zerstört worden. Ich setzte mich hin. Es waren tatsächlich 49 Personen vor mir. Nach einer Weile hatte ich dann das dringende Bedürfnis, die Toilette aufzusuchen. Ich erfuhr, sie war ein Stockwerk tiefer, doch das Problem war, dass man den Raum nicht verlassen durfte, denn sonst, so die Mitarbeiterin an der Information, verliere der Zettel mit meiner 112 seine Gültigkeit.

Sollte es also beim Ummelden sehr lange dauern oder Sie wie meine Wenigkeit auf die Toilette müssen, empfehle ich Ihnen, sich mit einem Leidensgenossen zu verbünden und einen Smalltalk zu beginnen, um sich von der Warterei abzulenken. Die Frau neben mir wollte einen Reisepass beantragen, weil sie vorhatte, ein Jahr nach Australien zu gehen. Um die Wartezeit zu überbrücken, füllte ich auch schon mal das dafür notwendige Formular aus. Als ich dann später von der Beamtin gefragt wurde, ob die Antworten der Wahrheit entsprechen, entgegnete ich: «Nein, ich bin in der Zwischenzeit 12 cm gewachsen, habe jetzt zwei Kinder mit Nummer 80 und außerdem meine ehemalige Sitznachbarin zwei Wochen in Australien besucht. Wollen Sie ein paar Fotos sehen?» Dann fügte ich noch hinzu: «Ach ja, ich muss aufs Klo. Bin gleich zurück. Jetzt warten *Sie* mal!!!»

Nach diesem mutigen Statement applaudierten mir die anderen Wartenden, und ich fühlte mich tatsächlich, als hätte ich den *Oscar* bekommen: Schwarz auf weiß stand es nun im Personalausweis: Matthias Jung, wohnhaft in Köln! Wenn jetzt am Flughafen der Kontrolleur meinen Personalausweis in die Hand nehmen würde, dann wären seine Worte nicht mehr: «Hüffelsheim? Wo ist das denn?», sondern einfach nur noch: «Geboren in Bad Kreuznach? Wo ist das denn?» Es war so weit: Ich wohnte in der Stadt.

Nach ein paar Tagen fühlte ich mich auch langsam wohl in meinem neuen Zuhause, die Kartons mit der Aufschrift «Jung» waren zum Großteil ausgepackt und die Möbel fachgerecht vom Hausmeister und den Zeugen Jehovas aufgebaut worden.

Wenn Sie dieses Stadium erreicht haben und sich heimisch fühlen, sollten Sie langsam, aber sicher auf Entdeckungsreise gehen. Ich für meinen Teil habe ja immer Angst gehabt, dass mich die Leute schnell als naives Landei erkennen und mich entsprechend behandeln würden. So malte ich mir zum Beispiel aus, dass man bei McDonald's zu mir sagen würde: «Hier, Ihr BigMac … hoffentlich kein Rind, das Sie kannten!» Oder dass ich bei Douglas ein Parfüm mit dem Namen «Boss» kaufen möchte, die Kassiererin den Namen aber nach einem kurzen Blick auf mich durchstreicht und «Praktikant» darüberschreibt. Oder ich in einem Restaurant anstatt eines «Chefsalates» nur ein «Bauernfrühstück» bekomme.

Es kam aber alles ganz anders. Nämlich noch viel schlimmer. Vor allem, wenn meine Eltern mit mir zusammen in der Stadt sind, ist das ungefähr so, als knipse man für Fliegen eine Straßenlaterne an. Sie stürzen sich auf alles und nehmen dabei jeden Fettnapf mit. Wer will es ihnen auch verdenken? Die Stadt hat nun mal viel zu bieten. In diesem Sinne: Erwachet! Und ab nach draußen.

Hüffelsheimer Veranstaltungskalender.

2. KAPITEL: Der Verkehr

Den Unterschied zwischen Land- und Stadtleben kann man an einem Gerät leicht festmachen: der Ampel. Bei uns im Dorf gibt es definitiv keine dieser Signalanlagen. Wenn also ein Ampelmännchen Urlaub von seinen Kollegen machen will, dann geht es einfach nach Hüffelsheim. Dort ist es auf jeden Fall ganz allein.

WISSEN: Ampelmännchen

Die Ampelmännchen aus der ehemaligen DDR haben durch ihre einzigartige Form einen sehr hohen Bekanntheitsgrad erreicht. Mittlerweile gibt es viele unterschiedliche Ampelmännchen in Deutschland, die zum Teil sogar Rucksäcke und Regenschirme tragen.

In der Dresdener Fußgängerzone wurde sogar mal eine Ampelfrau eingesetzt. Wenn ich mir meine Mutter so als Ampelfrau vorstelle, hätte das den Vorteil, dass die Leuchtflächen sehr groß wären. Und das hängt nicht nur mit ihrer Statur zusammen, sondern auch mit ihren fünf vollen Einkaufstüten und meinem Vater, der immer hinterherdackelt.

In Amerika werden die Ampelmännchen unterstützt durch die Aufforderung «Walk» oder «Don't walk!». In Hüffelsheim käme dazu: «Why do you walk?»

Kurzzeitig kamen wir in Hüffelsheim aufgrund einer Baustelle sogar in den Genuss von vier Fußgängerampeln, die auf Knopfdruck grün wurden. Aber da stimmte das Gleichgewicht nicht. Denn die roten Ampelmännchen hat-

ten aufgrund unserer niedrigen Einwohnerzahl sehr viel zu tun und waren permanent zu sehen – keiner wollte über die Straße. Sie hatten nach nur drei Tagen ein Burn-out und sind jetzt mit meinem ersten Navi in einer Selbsthilfegruppe. Die grünen Ampelmännchen wiederum arbeiteten höchstens in Teilzeit und hatten nachts sogar komplett frei.

Wenn schon keine Ampeln, so können wir in unserem Dorf wenigstens ein anderes kulturelles Highlight aufbieten: unseren Zebrastreifen. Er besteht aufgrund unserer geringen Straßenbreite zwar lediglich aus zwei Streifen, aber immerhin. Hätten die Beatles, die auf dem Cover ihres Albums *Abbey Road* über einen Zebrastreifen gehend zu sehen sind, in Hüffelsheim gelebt, hätten sie sich trennen und das Album *Hauptstraße* statt *Abbey Road* nennen müssen.

Wie dem auch sei, viele Dorfbewohner mit Kindern haben unseren Zebrastreifen bereits benutzt. Ein Tourist sagte mal im Scherz: «Jetzt wartet ihr nur noch aufs erste Auto!»

Der Verkehr in den Städten ist hingegen so wie mein Vater an Weihnachten: Er nimmt immer weiter zu, und wenn er abnimmt, dann höchstens in der Nacht. Diese Diät mit dem schönen Namen «Schlank im Schlaf» hat meine Mutter übrigens mal ausprobiert. Da war mit ihr allerdings gar nichts mehr anzufangen, denn nach den vier Brötchen zum Frühstück musste sie sich direkt wieder ins Bett legen, um schnell abzunehmen. Ich bin vom Erfolg dieser Diät aber auch deshalb nicht überzeugt, weil es dicke Beamte gibt.

Doch zurück zum Verkehr. Sobald Sie die ländliche Idylle verlassen, müssen Sie mit erhöhtem Verkehrsaufkommen rechnen. Im Radio wurde vor kurzem ein Stau von sechzehn Kilometer Länge gemeldet. Für Menschen aus der Stadt ist das eine ganz normale Verkehrsmeldung, für Menschen vom Land gleicht das eher einem Veranstaltungshinweis. So etwas Aufregendes bekommen wir selten zu sehen. Am Ende der Baustelle, die den Stau verursacht hat, befindet sich ja oft ein Schild mit der Aufschrift: «Wir bitten um Ihr Verständnis!» Mein Vater hätte am liebsten darüber geschrieben: «War klasse! Ich komm wieder!»

Wobei es ja in ländlichen Gebieten durchaus zu Staus kommen kann, wenn auch meist aus anderen Gründen. Wenn Sie im Radio hören: «Acht Kilometer Stau wegen Tieren auf der Fahrbahn!», dann sind das unsere. Und wenn Sie hören: «Vier Kilometer Stau wegen Gaffern!», dann liegt das, ganz genau, an meiner Mutter.

Die ist immer für einen Stau gut, auch, wenn sie selbst am Steuer sitzt. Ich habe es erlebt, dass sogar Traktoren hinter uns gedrängelt haben. Doch wie sagt meine Mutter so schön: «Ich nehm den fünften Gang nicht. Das hab ich nicht so gelernt!» Sie ist auch immer ganz stolz, bisher unfallfrei gefahren zu sein. Kein Wunder, bei dem Tempo. Sie fährt wirklich sehr langsam. Und ich meine l a n g s a m. Einmal sagte sie ganz stolz zu mir: «Die letzte halbe Stunde bin ich aber gut gefahren!» – «Da hast du recht. Aber während der letzten halben Stunde sind wir auch abgeschleppt worden!»

Als ich einmal mit ihr in Frankfurt unterwegs war, kamen wir an einer roten Ampel zum Stehen. Da trat plötzlich ein Mann vor das Auto und fing tatsächlich an, unsere Windschutzscheibe zu putzen. Auch die Scheibenwischer wurden sorgfältig gereinigt. Die Ampel wurde grün. In diesem Moment stieg meine Mutter aus und fragte empört, was das solle. Sie brüllte den Mann an: «Denken Sie etwa, mein Auto wäre nicht sauber genug?» Ihre Augen funkelten. Die anderen Autos hupten. «Und außerdem … – so kann man doch keine Windschutzscheibe putzen! Was nehmen Sie denn da? Reines Seifenwasser? Das ist doch nicht gut. Kommen Sie, ich zeig Ihnen mal, wie man das macht!» Die Ampel sprang wieder auf Rot. Die Autos hupten weiter. «Es soll heute Mittag eh Regen geben, das bringt doch dann überhaupt gar nichts, Sie können bald Feierabend machen.»

Den Mann hat man nie wieder an einer Ampel gesehen. Meine Mutter hat ihm nämlich erst einmal eine Fortbildung bezahlt – und sorgte mit ihrer Einführung in die Geheimnisse des Windschutzscheibenputzens für einen sieben Kilometer langen Stau mitten im Berufsverkehr.

TOP 3 **Die längsten Staus der Welt**

1. São Paulo (Brasilien), 293 Kilometer – hohes Verkehrsaufkommen
2. Paris–Lyon (Frankreich), 176 Kilometer – hohes Verkehrsaufkommen
3. Hüffelsheim–Aldi Süd (Deutschland), 37 Kilometer – meine Mutter fährt

Wenn Sie mit einem Taxi in einen Stau geraten, ist äußerste Vorsicht geboten. Denn das Gesetz besagt, dass der Taxifahrer das Taxameter nicht anhalten muss. Sie müssen also auch bezahlen, während Sie im Stau stehen. Einer schwangeren Dame ist das in Berlin fast zum finanziellen Verhängnis geworden. Die bekam während eines Staus im Taxi Wehen. Zunächst kamen die Wehen alle 5 Euro 20, am Ende sogar alle 70 Cent. Sie hat es dann doch noch zum Krankenhaus geschafft. Der Taxifahrer sagte grinsend:

«95 Euro 20, und das Kind soll meinen Namen tragen!» Da gab sie ihm hundert Euro und meinte: «Mein Kind wird definitiv nicht Vollpfosten heißen!»

TOP 3 **Häufigste Unfallursachen in der Stadt**

1. Zu viel Alkohol
2. Überhöhte Geschwindigkeit
3. Zu geringer Abstand

Häufigste Unfallursachen auf dem Land

1. Blut besteht nur noch aus Alkohol
2. Geringe Geschwindigkeit meiner Mutter
3. Geisterkutscher

Ein großes Problem, mit dem Sie während eines Staus oder einer sehr langen Fahrt konfrontiert sein könnten, ist das Toilettenproblem. (Immerhin müssen Sie sich nicht mit den unerträglichen Fragen meiner Mutter herumschlagen: «Schatz, *müssen* wir hier stehen?»)

Toilettentechnisch verspricht die Autobahnraststätte Abhilfe, doch muss man sich drauf einstellen, dass man dort eine Gebühr von 70 Cent bezahlen muss. Mein Vater findet das unmöglich, so gar nicht «sanifair»! Deshalb geht er von jeher in diesem Bereich andere Wege. Sie führen ihn eigentlich immer in die Natur. Das Motto meines Vaters ist: «Wasser und Wasser lassen!» Und das gerne im Freien – im Gebüsch. Der meistgehörte Satz aus meiner Kindheit ist nicht «Bist du aber süß!» oder «Du bist ja groß geworden!», sondern «Guck mal, dass keiner kommt!». An alle Einbrecher, die dieses Buch lesen und noch Komplizen suchen: Ich kann super Schmiere stehen! Ich habe ein Leben lang gelernt zu gucken, dass keiner kommt. Deshalb ist man auf dem Dorf schon immer zu zweit pinkeln gegangen. Die Städter haben das dann später nur übernommen.

Insofern war es für meinen Vater nicht akzeptabel, für einen Besuch auf einer Raststätten-Toilette irgendwas zu bezahlen. Er ereiferte sich: «Das gab es in der Steinzeit auch nicht. Da hat auch keiner fürs Pinkeln mit einem Büffelknochen bezahlt!» Und fügte mit rotem Kopf hinzu: «Was kommt als Nächstes? Geben wir bald am Pissoir einen Klingelbeutel rum wie in der Kirche? Und die Klofrau steht am Ende und sagt: ‹Danke für Ihre Kollekte›?»

Ich persönlich weiß nicht, was als Nächstes passiert, doch habe ich von einer Feng-Shui-Raststätte an der Autobahn in Richtung München gelesen. Dort gibt es kein Gebüsch, sondern nur eine Menge Bonsai-Bäumchen. Meinem Vater bliebe also nichts anderes übrig, als auf die Toilette zu gehen. Und wenn er sich weigerte, würde ich ihn auffordern: «Vater! Jetzt wird's zu peinlich. Komm mit auf die Toilette! Ich zahl auch mit Büffelknochen!»

Die Toiletten in der Stadt unterscheiden sich sehr von den Toiletten auf dem Dorf. Da müssen Sie des Öfteren schon mal angestrengt nachdenken, wie hier was und vor allem wohin es laufen soll. In unserer Gaststätte «Goldener Ochs» ist das denkbar einfach: Da geht man aus der Gaststätte raus, über den Hof, durch die Tür mit der Aufschrift «D» oder «H» und stellt sich – so man ein Mann ist – einfach ans Pissoir.

Aber in den Städten versuchen viele Restaurants, Bars oder Cafés, dem Toilettengang etwas Einzigartiges und Individuelles zu verleihen. Etwa durch chinesische Schriftzeichen, mit denen die Türen gekennzeichnet sind und derentwegen man quasi auf gut Glück ausprobieren muss, welche Tür die richtige ist. Oder man verlässt sich auf seine innere Stimme. Aber was nützt einem die innere Stimme, wenn einem eine weibliche äußere Stimme entgegentönt: «Jetzt aber raus hier!»

Ich persönlich tat mich einmal mit einem Pissoir schwer, in dem ein Fußballtor und ein Ball mit einer Schnur befestigt waren. Das kannte ich aus Hüffelsheim natürlich nicht. Da ich schon etwas getrunken hatte, dachte ich wagemutig: Och, ärgerste den Mann mal links neben dir ein wenig. Ich stellte mich etwas seitlich und brüllte: «Achtung! Flanke!» Mein Pinkel-Nachbar reagierte schnell und antwortete geistesgegenwärtig: «Vorsicht! Doppelpass!»

Wenn ich an die Treffsicherheit meines Vaters am Pissoir in unserer Gaststätte denke, muss ich leider sagen, dass ich ihn direkt auswechseln würde.

Zusammenfassend kann man sagen: Das Benutzen von öffentlichen Toiletten ist in der Stadt gar nicht so einfach. Sie müssen damit rechnen, dass Sie zwar überall eine finden, sie aufgrund der verwirrenden Kennzeichnung aber nur unter erschwerten Bedingungen auch benutzen können. Manchmal muss man sogar an der Tür erst einen Code eingeben, den man vorher an der Kasse bekommen hat. Da fühlt man sich, als würde man einen Tresor öffnen. Aber leider erwartet einen hinter der Tür kein Jackpot, sondern nur ein Pott.

Wenn Sie kostengünstig und sauber in der Stadt auf Toilette gehen möchten, rate ich Ihnen, Stadtbibliotheken und Buchläden aufzusuchen. Unterliegen Sie aber bitte nicht der Versuchung, ein Buch mit auf die Toilette zu nehmen, so wie mein Vater. Wenn er sich wenigstens ein kleines Reclam-Heftchen ausgesucht hätte, damit es nicht so auffällt. Aber nein, es musste ja der Brockhaus Band 8 «Gnf–Hrz» sein. Als ich das sah, fiel mir nichts anderes ein als: «Mach dir keinen Kopf! Das Wort ‹Manieren› kommt ja erst in Band 10 des Brockhaus' vor!»

Wenn wir die Verkehrssituation in der Stadt weiter betrachten, kommt man schnell auf das Parkplatzproblem zu sprechen – ich erwähnte es ja bereits. Es führte dazu, dass mein Vater seine Erinnerungsfotos ausschließlich aus dem Auto heraus knipste – zu parken und zum Sightseeing auszusteigen war undenkbar.

Planen Sie also fürs Parkplatzsuchen stets genug Zeit ein. Was viele nervt, ist meiner Meinung nach ein großer Vorteil: Ein Terrorist könnte zum Beispiel in einer Großstadt niemals ein Attentat begehen. Er würde gar keinen Parkplatz finden. Ich hab mal in der Zeitung gelesen, dass ein Bankräuber fünfhundert Meter zu seinem Fluchtauto laufen musste. Am Ende haben ihn dann die Polizisten hingefahren, damit er noch ein paar Sachen fürs Gefängnis rausholen konnte.

TOP 3 **Was sagt ein Terrorist in Hüffelsheim?**

1. Hier kann man untertauchen, auch wenn man gar kein Verbrecher ist.
2. Ich bin ein Selbstmordattentäter! Holt mich hier raus!
3. Nichts, denn was soll man mit einer Bombe in unbewohntem Gebiet?

Mein Nachbar bewegt sein Auto seit drei Monaten nicht mehr, da es genau vor seiner Haustür steht. So einen guten Parkplatz fände er doch nie wieder!

Sollten Sie einen Parkplatz gefunden und Ihr Auto trotz aller Warnungen auch von dort wieder wegbewegen wollen und, womöglich schon mit dem Schlüssel in der Hand, auf Ihr Fahrzeug zugehen, müssen Sie damit rechnen, von einem anderen Auto aus beobachtet zu werden. Keine Sorge, darin sitzt kein Detektiv und kein verrückter Ex-Liebhaber, sondern ein verzweifelter Mensch, der einen Parkplatz sucht. Und er wird Sie fragen: «Fahren Sie weg?» Wenn Sie dann «Ja!» antworten, gelingt es Ihnen, mit diesem einen Wort einen Menschen so glücklich zu machen, als hätten Sie gerade die Heiratsfrage positiv beantwortet.

Wenn Sie aber – wie meine Mutter – sagen: «Ja, ich fahr weg!», und nach einigen Sekunden ergänzen: «Im Sommer – in den Schwarzwald», dann wird Sie die Person ein Leben lang hassen.

Natürlich bekommen Sie in den Städten auch garantierte Parkplätze – in teuren Parkhäusern. Ich habe mal in einem Parkhaus in München geparkt, das sieben Euro pro Stunde kostet. Davon könnte mein Vater zehnmal auf eine Raststättentoilette gehen! (Für alle Lehrer und Lehramtsstudenten, die dieses Buch lesen: Zehnmal stimmt, ich habe es AUCH nachgerechnet.)

Mein Auto stand fünf Tage lang in besagtem Parkhaus. Ich habe daraufhin kurz überlegt und es letztlich einfach dort stehen gelassen. Es war, glaube ich, noch nie die Summe wert, die es mich gekostet hätte, es auszulösen. Zudem fand ich, wie es des Öfteren in der Stadt passieren kann, einen Flyer an meinem Auto mit der Nummer eines Gebrauchtwagenhändlers. Ich habe da also angerufen und gesagt: «Der Opel Corsa steht im Parkhaus Marienplatz! Holt ihn! Er gehört euch!»

In Sachen Parkhäuser habe ich noch einen weiteren wertvollen Tipp für Sie, zumindest, wenn es Ihnen wie mir geht und Sie sich nicht merken können, auf welchem Parkdeck Ihr Auto steht. Ich klemme einfach einen mit Helium gefüllten Luftballon an einer Schnur in mein Autofenster. So kann ich den Ballon von weitem sehen und relativ problemlos mein Auto finden. Der Ballon ist übrigens aus einem Kinderladen und stellt Miss Piggy aus der *Muppet Show* dar. Das half mir nur wenig, als ich im Media Park in Köln parkte, in dem es mehrere Parkhäuser gibt. Mit dem Satz: «Ich such meinen Opel! Da hängt ein Schwein aus dem Fenster!», kam ich jedenfalls nicht besonders weit. Aber der Pförtner hatte mit Sicherheit zu Hause was zu erzählen. Netterweise ließ er mich auch nach vierzig Minuten genervten Suchens noch aus dem Parkhaus heraus – ohne dass ich nachzahlen musste. Das ist ebenfalls eine wichtige Info für Landeier: Sie haben 15 Minuten Zeit, um Ihr Auto zu finden. Das hört sich ein wenig nach einer Spiel-Show an, ist aber traurige Realität, und bis auf die Fahrt in die Freiheit Sie können leider nichts gewinnen.

Auf dem Land kennen wir keine Parkplatzprobleme. Wenn unser Nachbar meinen Vater fragen würde: «Fährst du weg?», würde jeder im Dorf denken, dass er ein Verhältnis mit meiner Mutter hätte.

Es gibt bei uns auch keine Parkhäuser, sondern allerhöchstens sogenannte Bio-Parkplätze, die einmal im Jahr bei der Hüffelsheimer Kirmes auf einem Acker – also mitten in der Natur – entstehen. Dort weist einem ein Helfer, der es sich auf einem Gartenstuhl unbequem gemacht hat, einen Platz auf dem Acker zu.

Oft bleiben die Leute von außerhalb dann ein paar Tage bei uns. Aber nicht, weil es ihnen in Hüffelsheim so außerordentlich gut gefällt, sondern weil es geregnet hat und sie ihr Auto nicht mehr aus dem Schlamm ziehen können. Deshalb sind wir vermutlich der einzige Ort, der sich am Wochenende seiner Dorfkirmes Regen wünscht, da viele Touristen ihren Urlaub zwangsläufig noch etwas verlängern müssen und der Bierkonsum enorm ansteigt.

TOP 3 **Was denkt ein Maulwurf, wenn ein Auto auf das Dach seines Zuhauses fährt?**

1. «Es ist wieder Kirmes!»
2. «Nikolaus?»
3. «Oben ist wieder Parkplatz – da werden die Vogelscheuchen gegen die Politessen ausgetauscht.»

Eine Politesse gibt es auf dem Dorf nicht, da keine Parkautomaten existieren, deren Parkscheine abgelaufen oder gar nicht erst erstanden worden sind. Die meisten Autos stehen in Garagen, und da trauen sich die Politessen dann doch nicht rein. Wenn sich mal ein Tourist nach Hüffelsheim wagt, hat er dennoch schnell einen Zettel an seiner Windschutzscheibe. Darauf steht: «5 Euro Gutschein für den Goldenen Ochs! Danke fürs Kommen!»

WISSEN: Politesse

Eine Politesse ist nicht das Gegenteil von Delikatesse, sondern eine Frau, die für die Überwachung des ruhenden Verkehrs zuständig ist. Der Name Politesse ist eine Mischung aus den Begriffen «Polizei» und «Hostess». Eine «Hostess» wiederum steht Gästen höflich für Auskünfte zur Verfügung, hat Fremdsprachenkenntnisse und meist ein ansprechendes Erscheinungsbild. Wir sind uns wohl einig: Die kommen mehr nach der Polizei!

Mein Cousin Jens hat mal am Nordseestrand geparkt, als auf einmal eine Politesse kam. Er schwor, dass er gerade einen Parkautomaten gesucht habe. Sie antwortete trocken: «Im Wasser war wohl keiner?»

TOP 3 **Was macht eine Politesse, wenn sie mein Kennzeichen vom Land sieht?**

1. Sie gibt mir ein Knöllchen, auf dem nur steht: «Komm gut heim!»
2. Sie winkt ab und geht.
3. Sie übernimmt die Patenschaft für mich!

Wenn Sie nicht selbst mit dem Auto in oder durch die Stadt fahren möchten, weil Sie Staus, Parkplatzsuche und Stress lieber vermeiden wollen, können Sie sich einer Mitfahrgelegenheit bedienen. Oft wird diese auch mit dem englischen Wort «Carsharing» bezeichnet. Das war neu für mich, aus Hüffelsheim kannte ich lediglich «Schafschering».

Das Carsharing funktioniert so: Man sucht sich eine Strecke aus, zum Beispiel von Hüffelsheim nach Berlin, gibt sein gewünschtes Abfahrdatum auf einer entsprechenden Seite im Internet ein und schaut dann, ob an diesem Tag jemand aus der Gegend ebenfalls nach Berlin fährt. So kann man auf eine sehr sinnvolle und sparsame Weise eine Fahrgemeinschaft bilden. Mein Onkel Erwin hatte das genau auf dieser Strecke zum ersten Mal ausprobiert. Es wollten sogar drei Leute mit ihm mitfahren. Erwin hat sie in den verschiedenen Städten auf dem Weg nach Berlin abgeholt, doch seine Mitfahrer waren nicht gerade begeistert, denn die Fahrt hat siebenundzwanzig Stunden gedauert. Kein Wunder – mit einem Traktor. Zwei Stunden nach der Ankunft in Berlin ist das eine Mädchen mit einer anderen Mitfahrgelegenheit wieder zurückgefahren. Das Wochenende war vorbei.

Von der Onkel-Erwin-Episode einmal abgesehen, fährt man von Hüffelsheim aus aber meist leider alleine los. Nur im Frühjahr kann man die Strecke Hüffelsheim–Warschau dreimal täglich fahren. Dann kommen nämlich unsere Spargelstecher.

Sollten Sie überlegen, Ihren Wohnsitz dauerhaft in die Stadt zu verlegen, möchte ich Sie noch auf ein bestimmtes Auto aufmerksam machen, das wegen seiner geringen Größe als «Stadtauto» schlechthin gilt: der Smart! Wenn ich an die engen Hüffelsheimer Straßen denke, bin ich persönlich allerdings immer mehr der Meinung, dass es bei uns auf dem Land viel besser aufgehoben wäre. Bei unserer Kirmes müsste man allerdings sehr gut auf den Smart aufpassen, denn er könnte gestohlen und zum Autoscooter zurückgebracht werden. Auch auf unserem Parkplatz würde er zugegebenermaßen keine gute Figur abgeben und etwas verloren dastehen – aber vielleicht würde man dann einfach einen neuen Werbeslogan erfinden: «Der kleine Racker auf dem Acker!»

WISSEN: Smart

Der Markenname «Smart» gilt als eine Zusammensetzung der Begriffe «Swatch», «Mercedes» und «Art»! Denn die Idee für diesen Kleinstwagen stammt ursprünglich von Nicolas G. Hayek, dem Gründer der Swatch-Gruppe. Die stieg jedoch relativ schnell aus, Mercedes war alleine für den Kleinen verantwortlich und hat somit das alleinige Sorgerecht bekommen.

In Österreich fährt sogar die Polizei mit einem Smart Streife. Ich glaube, wenn ich Bankräuber wäre und würde von einem Smart-Polizeiwagen verfolgt werden, würde ich sofort anhalten und sagen: «Kommt, nehmt mein Auto! Das geht ja gar nicht!»

Der Markenname «Traktor» gilt übrigens als eine Zusammensetzung der Begriffe: «Tratschen», «Kaffee» und «Torte» – die Hobbys einer jeden Hausfrau auf dem Land.

Egal, wie klein es auch sein mag, prinzipiell würde ich eher davon abraten, mit dem Auto nach Berlin oder in eine andere Großstadt zu fahren. Denn seien wir doch mal ehrlich: In einem Verkehr, in dem es keine Warnschilder mit Tieren drauf gibt, fühlen wir Landeier uns nicht wohl.

Dann doch lieber die Bahn nehmen oder das Flugzeug. In der Stadt kann man dies auch problemlos tun, während das öffentliche Verkehrsnetz auf dem Land eindeutig zu schwach ausgebaut ist. Unsere Busse fahren sehr selten, und auch unser Bahnhof wurde ausgelagert. Er liegt in Frankfurt und nennt sich: Frankfurter Hauptbahnhof!

Über die Deutsche Bahn kann ich nicht viel Negatives sagen, ich habe sie im Laufe der Zeit wirklich zu schätzen gelernt, da man mit ihr ohne Stress und bequem in die Großstädte fahren kann. Natürlich ist Bahnfahren nicht billig, die Züge sind oft zu spät, und man überlegt sich schon hin und wieder, warum Worte wie «großzügig» und «zügig» beide das Wort «Zug» beinhalten. Auch Zugvögel haben wohl eher nichts mit der Deutschen Bahn gemein, weil wohl noch kein Vogel mit Schnee auf dem Gefieder im Süden angekommen ist und gesagt hat: «Scheiße, zu spät losgeflogen!»

Ich bin deshalb ein großer Fan der Deutschen Bahn, weil man hier regelmäßig Zeuge endemischer Sätze werden kann: «Personalwechsel! Fahrkarten bitte!» Im Flieger bekommt man Derartiges eher selten zu hören. Wobei ich es witzig finden würde, wenn bei minus 58 Grad Außentemperatur und in 12 000 Meter Höhe der Pilot verkünden würde: «Soeben ist der mobile Brezelverkäufer zugestiegen! Wir bitten um freundliche Beachtung.»

Mit einem Zugschaffner habe ich mich während einer Fahrt einmal sogar so gut verstanden, dass wir bis heute noch ab und an telefonieren und uns auch schreiben. Als er mir vor kurzem berichtete, dass er Vater geworden sei und das Kind fünf Tage zu spät gekommen ist, schrieb ich zurück: «Herzlichen Glückwunsch! Und keine Sorge: Für die Verspätung gibt's bestimmt einen Gutschein!»

Auch eines meiner schönsten Kindheitserlebnisse habe ich dem Bahnfahren zu verdanken: Meine Eltern und ich sind mal mit dem schnellsten Zug Europas gefahren: der französische TGV, ein Hochgeschwindigkeitszug, der im Normalfall 320 km/h fährt, aber durchaus noch schneller sein kann. Ich fand es großartig, selbst, als der Zug nach einem Halt plötzlich von Null auf 410 km/h beschleunigte und alles um mich herum wackelte. Auch die anderen Passagiere waren begeistert: «Es war ein unglaubliches Erlebnis!» Meine Mutter sagte: «Es war mein schlimmster Moment auf einer Toilette!»

Was das Zugfahren angeht, kommt man in der Stadt vollkommen auf seine Kosten, denn dort gibt es die sogenannten U- und S-Bahnen, die zusammen mit den Bussen das öffentliche Verkehrsnetz bilden. Das ist oft kompliziert, denn es gibt nicht einfach nur eine Fahrkarte, sondern Tageskarten, 3-Tages-Karten, Wochen- und Monatskarten, Gruppenkarten für 5 Personen – eine sogenannte Hüffelsheim-Karte – und 9-Uhr-Karten. Dazu gibt es Karten, die über zehn Euro kosten, aber in Automaten stecken, die nur Münzgeld annehmen. Schade, dass man nicht immer sein Einmachglas voller Ein-Cent-Münzen dabeihat. Wenn man sich also nicht schwarzärgern möchte, sollte man lieber schwarzfahren. Das ist auch nicht so kompliziert, doch möchte ich Sie warnen: In den S-Bahnen lohnt es sich auf keinen Fall, da man dort oft kontrolliert wird. Und diese Kontrolleure haben keine Uniform an. Sie sind meist in Zivil gekleidet und haben damit oft den Überraschungseffekt auf ihrer Seite: Flucht und Widerstand zwecklos, Ausreden helfen selten. Als mich mal ein Kontrolleur ohne Fahrkarte erwischte, wusste ich nicht weiter und behauptete, ich gehöre zu der Band, die just in diesem Moment durch die U-Bahn ging, ein Lied sang und den Hut rumgab, so, wie das in vielen Großstädten gang und gäbe ist. Was ich in meiner Aufregung übersehen hatte: Bei den Mitgliedern der Band handelte es sich um Federschmuck tragende Indios aus Guatemala. Der Kontrolleur konnte meiner Verwandtschaftslinie nicht ganz folgen und nahm mir 40 Euro Schwarzfahrgebühr ab. Den Indios legte er davon fünf Euro in den Hut und grummelte vor sich hin: «Immerhin bleibt es so in der Familie!»

Schade ist nur, dass die meisten Großstädter ihr Verkehrssystem gar nicht zu schätzen wissen. Am schlimmsten ist es, wenn ihnen eine U- oder S-Bahn vor der Nase wegfährt. Dann ärgern sie sich lautstark, fluchen, stoßen Drohungen aus, und manche treten sogar um sich. Ihr lieben Leute: Atmet tief durch, hebt den Blick und schaut doch bitte mal auf die Anzeige. Dann werdet ihr sehen, dass die nächste Bahn in vier Minuten kommt. In vier Minuten!

Verpasst man in Hüffelsheim den Bus, fährt der nächste erst fünf Stunden später oder gar erst am folgenden Tag. Also, wer da schimpft und sich aufregt, hat mein vollstes Verständnis. Aber bei vier Minuten? Ich glaube, die Städter wissen einfach nicht, wie sie diese vier Minuten endlosen Wartens auf die nächste Bahn überbrücken sollen. Rufe ich schnell noch jemanden an, hole ich mir ein Getränk oder eine Zeitung oder gar ein Getränk *und* eine Zeitung, *während* ich jemanden anrufe? Es gibt Jugendliche in unserem Dorf, die den Bus verpassen und fünf Stunden an der Haltestelle auf den nächsten warten. Sie sind der Meinung: «Was soll ich denn zu Hause? Hier erlebe ich wenigstens was!» Gesagt, und den halben Tag in die Luft gestarrt. Wir Hüffelsheimer sind der Inbegriff der Entschleunigung.

Der Inbegriff von Stadt ist für mich ein U-Bahnhof. Die vielen Menschen, der Lärm, das Gerenne, der Gestank und der Dreck. Ein U-Bahnhof in Hüffelsheim wäre undenkbar. Wie soll man sich den auch vorstellen? Auf der Tafel müsste stehen «Frankfurt U5 in 6314 Minuten». Ein Schäfer stünde da mit seinen Schafen am Gleis, wartete auf die U1 und versuchte ein Gruppenticket zu ziehen. Wenn man keinen Döner mit in die U-Bahn nehmen darf, gilt das dann wohl auch für Schafe? Was man aber mit Sicherheit sagen kann: Unser Hüffelsheimer U-Bahnhof würde den saubersten U-Bahnhöfen der Welt in Singapur in nichts nachstehen, denn meine Mutter würde jeden Tag feucht durchwischen.

Wenn Sie nun an einer urbanen U-Bahn-Station stehen, müssen Sie in jedem Fall daran denken, dass Sie nicht in jede x-beliebige Bahn einsteigen können, denn es gibt sogenannte Betriebs- oder auch Leerfahrten, bei denen die Züge einfach nur durch den Bahnhof fahren und keine Fahrgäste aufnehmen. In diesem Fall nutzen auch hektische Haltezeichen vom Gleis aus nichts.

In allen öffentlichen Verkehrsmitteln gilt natürlich die Regel, dass man für ältere Menschen aufsteht. Das kennen Sie ja vom Land, wobei ich da einige Verschiebungen in der Stadt bemerkt habe: Ein Opa kam mit seinem Enkel auf dem Arm im Bus auf mich zu und ächzte: «Der Rücken tut so weh, der Nacken schmerzt auch …!» Ich unterbrach ihn und sagte: «Bitte sehr», und stand auf. Da nahm der Enkel Platz, und der Opa blieb im Gang stehen. So konnte das dicke Kind in Ruhe weiter mit seiner Playstation spielen.

So praktisch eine U-Bahn ist, eine Fahrt mit ihr kann auf uns Landeier doch mitunter etwas deprimierend wirken. Die meisten Städter nehmen nämlich, sowie sie eine U-Bahn betreten, einen über die Maßen gleichgültigen Gesichtsausdruck an, oft gepaart mit einem Ausdruck schlechter Laune. Wenn dann auch noch Alkohol im Spiel ist, denke ich manchmal: Die nächste Haltestelle muss *Zombiland* sein und das Maskottchen der U-Bahn der Lila-schlechte-Laune-Bär. Vielleicht sollte man die Menschen einmal fotografieren und ihnen, wie bei einer Achterbahn-Fahrt im *Phantasialand*, die Bilder beim Aussteigen zum Kauf anbieten. Ich glaube, die Stimmung würde sich schlagartig verbessern. So aber wirken die meisten Fahrgäste übellaunig, gelangweilt und schauen aneinander vorbei ins Leere. Wenn sie ins Leere schauen wollen, sollen sie doch lieber nach Hüffelsheim kommen, da passiert das ganz automatisch.

Sollte man sich mit den Widrigkeiten der öffentlichen Verkehrsbetriebe nicht näher befassen wollen, kann man natürlich aufs Taxi zurückgreifen. Das Taxi ist auch in ländlichen Gefilden bei diversen Weinfesten und nach dem Kirmesbesuch ein begehrtes Verkehrsmittel, um ohne Führerscheinverlust sicher nach Hause zu kommen. Doch kann es, wenn das Taxi extra aus der Stadt kommen muss, auch schon mal 40 Euro oder mehr kosten. So viel kostet in der Stadt Schwarzfahren. Einmal wollten wir mit dem Taxi vom Frankfurter Flughafen zurück nach Hüffelsheim fahren. Da hat uns mein Vater im Taxi nach Hause gebracht, da der Taxifahrer zu müde zum Fahren war und auch meinte, dass er nicht acht Stunden am Stück fahren dürfe.

Das Gute beim Taxifahren im Dorf ist, dass man den Weg nach Hause kennt. In der Großstadt ist das eher nicht der Fall, und dann ist Vorsicht geboten, denn Taxifahrer könnten Sie problemlos reinlegen und Umwege fahren. Ich habe das selbst mal erlebt. In Hamburg wollte ich mich vom Bahnhof zum Hotel bringen lassen, weil ich unglaublich viel Gepäck dabeihatte. Ich wusste nicht, wo genau das Hotel war, wohl aber, dass es nur einen Kilometer vom Bahnhof entfernt lag. Der Taxifahrer, der an meinem Dialekt merkte, dass ich von auswärts kam, fuhr mich ewig umher. Dann sagte ich nur kurz: «Och, ich liebe Hamburg. Dass ich beruflich alle drei Monate hier sein darf, ist wirklich großartig.» Merken Sie sich diese Ausrede, und setzen Sie einfach nur den Namen der Stadt ein, in der Sie sich befinden – Sie werden danach garantiert ohne Umwege zu Ihrem Zielort gefahren. Mein Hamburger Taxifahrer machte nach diesem Ausspruch jedenfalls eine rasante Kehrtwendung und fuhr dann nicht nur direkt in Richtung Hotel, sondern flog gewissermaßen dorthin. Das war die beste Entscheidung für *sein* Leben. Dabei brabbelte er etwas von: «Die ganze Stadt ist momentan eine Baustelle! Schrecklich, nur Umleitungen!» Ich antwortete verständnisvoll: «Wem sagen Sie das! Und dass diese dämlichen Umleitungen immer an der Nordsee langführen müssen!» Da schwieg er, und ich bekam die Fahrt schließlich zum halben Preis.

Manchmal sind die Taxifahrer auch nicht so nett, besonders die Berliner haben keinen guten Ruf. Ich versuche ja immer, etwas Konversation zu betreiben, weil ich denke, dass die doch bestimmt auch mal reden wollen. Mitnichten. Auf mein zugegebenerweise nicht sehr einfallsreiches: «Na, wie soll denn das Wetter hier in den nächsten Tagen werden?», kam ein: «Kiekste raus, dann siehstes!» Und der Satz: «Einmal zum Bahnhof, bitte!», wurde gekontert mit der Info: «Zweemal wär ja och komisch, wa?»

In Kindheitstagen, wenn meine Freunde und ich auf irgendwelchen Dorfdiscos zugange waren, spielten unsere Väter immer die Taxifahrer. Im Sommer allerdings stand ich vor einem Problem, denn, Sie erinnern sich, mein Vater geht gerne mal nur mit Unterhose bekleidet raus – und eben leider nicht nur an den Briefkasten, sondern auch weiter. Ich habe dann eine Lösung gefunden, die alle zufriedenstellte: Meine Freunde und ich haben uns einfach so betrunken, dass wir den Anblick von Vaters Brustbehaarung wieder ertragen konnten. Ist man eigentlich tief gefallen, wenn man sich seinen Taxifahrer schöntrinken muss?

Nun möchte ich Sie auf eine weitere Eigenheit im städtischen Verkehrssystem aufmerksam machen: Als Diven unter den öffentlichen Verkehrsmitteln haben Taxis und Busse oftmals eine Spur ganz für sich allein. Hier ist besondere Aufmerksamkeit gefragt, denn mit einem normalen Auto darf man diese Spur nicht benutzen. Darauf müssen Sie ganz alleine achten, denn es gibt dort keinen Tür- bzw. Straßensteher, der am Anfang postiert ist und brüllt: «Ey, Fiat, du darfst hier nicht rein!»

Überhaupt müssen wir Landeier uns erst an die vielen mehrspurigen Fahrbahnen gewöhnen. Es gibt Stadtautobahnen mit sage und schreibe fünf Spuren! Unsere Straßen wiederum sehen aus, als wäre einfach nur der Teer aus einer Stange Zigaretten aufgeschüttet worden. Die Straßen sind so schmal, dass zwei Autos, die aneinander vorbei wollen, manchmal nur 20 km/h auf dem Tacho haben, wenn sie sich gegenseitig die Spiegel abfahren. Deshalb braucht man bei uns auch keine Blitzanlage – höchstens, um die Schuldfrage zu klären. Aber im Zweifelsfall hat man dafür eigentlich immer genug Nachbarn in der Nähe, die gerade ganz zufällig aus dem Fenster geguckt haben. Die enge Straßenführung in Hüffelsheim sorgt auch dafür, dass wir uns im «Goldenen Ochsen» immer benehmen: Wenn der Wirt Heinz uns hochkant rausschmeißen würde, wäre das äußerst schmerzhaft, denn wir landeten direkt an der gegenüberliegenden Hauswand.

Das muss man sich mal überlegen: Unsere Hauptstraße ist genauso breit wie ein Fahrradweg in der Stadt. Schon allein deshalb lohnt es sich, in der Stadt das Fahrrad zu benutzen. Wenn Sie sich ein Fahrrad kaufen möchten, geben Sie nicht zu viel Geld dafür aus, denn Fahrraddiebstahl ist in Städten an der Tagesordnung. Deshalb bin ich zum Beispiel lange Zeit mit dem alten Rad meiner Mutter rumgefahren. Ich fand das immer sehr praktisch: Das Sixpack-Bier vorne im rosa Körbchen machte sich ganz entzückend. Wobei Sie in der Stadt auch dann Rad fahren können, wenn Sie selbst keines besitzen: Hier gibt es nämlich «Call a bike»! An ausgewiesenen Plätzen stehen Leihfahrräder, die man jederzeit mieten und damit von Ort zu Ort fahren kann. Dafür muss man sich lediglich im Internet anmelden, eine Telefonnummer anrufen, die Nummer des Rades durchgeben, und dann wird das Schloss entriegelt. Abgerechnet wird nach Zeit. In Hüffelsheim würde so etwas nicht funktionieren, man käme mit dem Rad gar nicht über die Feldwege. Als Bauer Josef deshalb «Call a Traktor» ins Leben rief, war die Nachfrage dennoch sehr gering. In der Zeit, die es dauerte, bis Josef vor Ort war, hatte man sein Ziel auch zu Fuß erreicht.

Sind Sie als Fußgänger in der Stadt unterwegs, empfehle ich Ihnen, die folgenden Tipps zu beherzigen: Helfen Sie älteren Menschen über die Straße. Das macht Sie sympathisch, auch wenn Sie das vom Dorf eher nicht kennen. Wir würden es natürlich tun, aber die Oma ist ja mit einem einzigen Schritt schon auf der anderen Straßenseite. Das lohnt sich einfach nicht.

Apropos, wechseln Sie in der Stadt ruhig die Straßenseite, wenn Sie jemandem nicht begegnen wollen. Das geht dort. Auf dem Dorf hat man diese Möglichkeit ja leider nicht, man läuft sich immer in die Arme. Gerade unsere Hüffelsheimer Nachbarn würden sicherlich gerne die Straßenseite wechseln, wenn sie meine Mutter sehen, denn sie quatscht die Leute immer stundenlang voll und lässt sie nicht mehr weg. Aber das Straßenbauamt würde diese Sorge sicherlich nicht als Begründung für eine Verbreiterung der Fahrbahn durchgehen lassen.

Wenn Sie im Winter durch die Stadt flanieren, werden Sie überrascht feststellen: Es gibt einen Winterdienst. Streufahrzeuge, die Salz auf den Fahrbahnen und Gehwegen verteilen, damit es zu keinen Unfällen oder Stürzen kommt.

TOP 3 **Wann kommt der Winterdienst in der Stadt?**

1. Morgens
2. Mittags
3. Abends

Wann kommt der Winterdienst in Hüffelsheim?

1. Gar nicht. Wenn es zu der Zeit keine Familienfeste im «Goldenen Ochs» gibt, ist aber ausreichend Salz vorhanden.
2. Braucht man nicht, da die Pferde so schwitzen, dass ihre Salze automatisch auf den Straßen verteilt werden.
3. Im Mai.

Abschließend möchte ich betonen, dass das Auto im Leben eines Jungen vom Lande eine sehr große Bedeutung hat, da es, wie wir herausgearbeitet haben, oft die einzige Möglichkeit ist, aus dem Dorf zu flüchten. Der 18. Geburtstag wird nur so heftig gefeiert, weil man dort endlich seinen Führerschein bekommt. Wir nennen diesen Tag auch zärtlich «Haftentlassung».

Dadurch, dass das Auto eine wichtige Position im Leben einnimmt, muss es auch individuell und stylish eingerichtet sein. Viele Menschen vom Land benutzen, damit sie nicht vergessen, wo sie herkommen, Kuhfellbezüge für die Autositze. Ich frage mich immer, was da ein Hund denkt, wenn er mit dem Auto mitfährt. Das geht echt auf keine Kuhhaut?

TOP 3 **Was denkt eine Kuh, wenn sie im Auto Kuhfellbezüge sieht?**

1. «Cooles Outfit!»
2. «Ich könnt's nicht tragen!»
3. «Tante Lisbeth …?»

Ein Bekannter von meinem Vater, der von Beruf Automechaniker ist, hat auf seine Fahrertür einen Toilettensitz gemalt, sodass es von außen so aussieht, als würde er auf der Toilette sitzen. Er findet das sehr witzig, die Polizei jedoch weniger. Als die nämlich mal bei einer Kontrolle an seine Scheibe klopfte, brüllte er: «Besetzt!»

Nachdem Sie jetzt sicher mit dem Auto oder der Bahn in der Stadt Ihrer Wahl eingetroffen sind, Sie einen Parkplatz gefunden und gegebenenfalls Miss Piggy aus dem Fenster gehängt haben, kommt vermutlich langsam ein Hungergefühl in Ihnen hoch, das Sie gerne stillen möchten. In der Stadt kein Problem! Denn die Auswahl ist riesig. Auf geht's zu Speis und Trank!

Unfassbares Schild.
Wie soll unser Bauer Josef
mit seinem Traktor
30 km/h fahren können?

3. KAPITEL: Essen und Trinken

Wenn Sie in der Stadt Hunger bekommen, werden Sie sich schnell fragen: Wie soll ich mich denn bei einer so großen Auswahl entscheiden?

Wir kennen ja meist nur die Gaststätten auf dem Land. Oft tragen diese ein Tier in ihrem Namen, wie beispielsweise «Zum Hirschen», «Beim lustigen Uhu» oder wie bei uns in Hüffelsheim: «Goldener Ochs». Es sind immer Namen von Tieren, die auch in der Umgebung zu Hause sind. In der Stadt hilft Ihnen diese Assoziation nicht weiter. Dort heißen die Restaurants beispielsweise *Supa Salat*, *Kebap Haus*, *Food-Lounge* oder *Pasta Tempel*. Nach ländlichem Vorbild müsste so mancher Dönerladen eigentlich «Zur alten Salmonelle» und so manche Studenten-WG «Zum lustigen Silberfisch» heißen.

Der Restaurantname hilft Ihnen also schon mal nicht bei der Auswahl. Werfen Sie einfach einen Blick in die Speisekarte, und lassen Sie sich nicht abschrecken, weil Sie anderes gewöhnt sind. In unseren Gaststätten ist die Speisekarte ja oft nur ein Speisezettel. Dort stehen dann meist vier gutbürgerliche Gerichte drauf, die alle etwas mit Schnitzel zu tun haben. Meine Familie liebt Schnitzel. Wenn die Familie Jung ein Maskottchen hätte, wäre es ein Schnitzel. Ein gutes Schnitzel wird von allen Landbewohnern geschätzt. Da weiß man, was man hat. Doch in der Stadt gibt es eine weit größere Vielfalt. Sie haben die Wahl zwischen italienischen, türkischen, deutschen, griechischen und japanischen Gerichten. Und das alles oft in einem einzigen Imbiss. Dieses Feuerwerk an multikulturellen Köstlichkeiten wird dann gekrönt von dem

Satz des Imbissbesitzers: «Servus, ich bin de Horst!» Meist wirkt er angesichts der exotischen Gerichte selbst leicht verunsichert, versucht aber souverän zu wirken, was man an dem Satz «Tagesgericht isch heude ‹Bambi Goreng›!» deutlich erkennen kann. Auf dem Land würde man das wahrscheinlich schlichtweg mit «Rehbraten» übersetzen.

In diesem Zusammenhang möchte ich Ihnen von Restaurants oder Imbissen, die «alles» anbieten, abraten. Auch wenn das zunächst angenehm erscheinen mag, weil dort bestimmt für jeden etwas dabei ist. Versuchen Sie lieber, sich für eine Nationalität zu entscheiden, dann haben Sie die Chance, dass beim Italiener wirklich ein Guiseppe hinterm Ofen steht und nicht ein Karl-Heinz!

Die Stadt bietet Ihnen dank ihres Angebots an Speisen auch die Möglichkeit, einen Service zu nutzen, der Ihnen bisher verwehrt wurde: der Pizzalieferant. Wir schon erwähnt, ist das auf dem Dorf ein Ding der Unmöglichkeit. Ein einziges Mal konnte ich den Lieferanten überreden, mir eine Pizza zu liefern, aber nur, weil ich versprach, ihm die Hälfte der Strecke entgegenzufahren.

TOP 3 **Was sagt ein Pizzalieferant bei einer Bestellung aus Hüffelsheim?**

1. «Mamma mia!»
2. «Nicht die Pizza, sondern die Fahrzeit sind vier Jahreszeiten!»
3. «Ich habe gar kein Auto!»

Am besten, wir gehen einfach einmal die verschiedenen kulinarischen Möglichkeiten durch. Vielleicht kann ich Ihnen helfen, etwas Geeignetes für Sie zu finden.

Wenden wir uns als Erstes der japanischen Küche zu, insbesondere dem Sushi.

WISSEN: Sushi

Sushi ist eine japanische Spezialität und besteht aus erkaltetem, gesäuertem Reis und rohem, mitunter auch geräuchertem Fisch. Sushi gibt es seit 718 nach Christus. Das hört sich unglaublich alt an, aber meine Mutter hat in ihrer Tiefkühltruhe Karotteneintöpfe eingelagert, die mit Sicherheit noch älter sind.

Mein Lieblingssushi ist die «California Roll». Das ist kein Purzelbaum von Arnold Schwarzenegger, sondern Sushi mit Avocado, Sesam und Gurke.

Vorsicht ist geboten beim Thunfisch, denn der kann Quecksilber enthalten, das gesundheitsschädlich ist. Ich habe mal ziemlich viel Thunfisch gegessen. Danach hatte ich so viel Quecksilber im Körper, dass ich beim nächsten Karneval als Thermometer gegangen bin.

Mittlerweile gibt es auch auf dem Land erste vorsichtige Versuche, Sushi in den dortigen Gaststätten zu etablieren. Zumindest wurde in unserem Nachbarort das Schild «Frisch vom Fass!» umgeschrieben in «Fraß vom Fisch!».

Nachdem ich in die Stadt gezogen war, wollten meine Eltern und ich auch einmal die japanische Küche probieren. Bereits vor dem Restaurant kam es zu einigen Irritationen seitens meines Vaters. Er stellt ja grundsätzlich in der Stadt ständig die Frage: «Was ist das denn?» So auch diesmal. Ich antwortete: «Das ist ein japanisches Restaurant, hier gibt's Sushi – können wir ja mal ausprobieren.» Mein Vater antwortete begeistert: «Sushi? Meinetwegen, Hauptsache Fleisch!»

Schließlich entschieden wir uns, einmal einen Besuch zu riskieren. Wir betraten also das Restaurant, das den schönen Namen «Lang zu» trug. In japanischen Restaurants kann es Ihnen passieren, dass Sie auf dem Boden sitzen müssen, so war es auch hier. Das gefiel meinem Vater überraschenderweise so gut, dass er seitdem bei der Hüffelsheimer Kirmes im Schneidersitz besoffen von der Bierbank fällt.

Gleich danach fiel meinem Vater eine weitere Besonderheit auf: Die Sushi-Teller fuhren auf einem Band an einem vorbei, immer im Kreis. Irgendwie erinnerte mich das ein bisschen an Formel-1-Gucken. Mein Vater sagte allerdings sofort: «Ruf die Oma an! Hier gibt's Essen auf Rädern!»

Wenn Sie ein solches Band sehen, erschrecken Sie nicht, setzen Sie sich einfach souverän auf einen der Hocker davor, rücken Sie an das Band heran, und wenn ein Teller angefahren kommt, dessen Transportware Ihnen zusagt, nehmen Sie ihn sich einfach. Am Ende werden dann die verbrauchten Teller zusammengezählt und das Essen bezahlt.

Mein Vater motzte sehr schnell, dass die Portionen viel zu klein seien und er davon nie satt werden würde. Das bekam wohl die Bedienung mit, denn schließlich fuhr ein Teller voller Sushi und Hähnchen-Spieß an uns vorbei. Der kleine Teller war so überfüllt, dass das Band sichtlich langsamer wurde. Ich dachte, immer noch ganz in meiner Formel-1-Welt verfangen, dass nun eigentlich das «Safety car» erscheinen müsste. Weil das aber nicht passierte, überlegte ich, einen Zettel am Schnitzel-Teller zu befestigen mit der Aufschrift: «Vorsicht! Heck schwenkt aus!»

Sushi haben wir natürlich auch probiert. Allerdings mit Besteck und nicht mit Stäbchen, was auch kein Problem war. Den richtigen Umgang mit dem grünen Wasabi musste mein Vater auf etwas schmerzliche Art und Weise lernen, denn er hielt ihn für einen Dipp und bestrich die einzelnen Sushis damit. Ein laut fluchender Vater, dem die Tränen über die Wange rannen, gefolgt von seinem Pauschalurteil: «Sushi schmeckt nicht!», waren die Folge dieses scharfen Intermezzos.

Etwas versöhnt wurde er durch die Glückskekse, die man uns am Schluss schenkte. Meine Mutter war besonders von den Zetteln, die sich in den Keksen befanden, angetan. Aber gar nicht so sehr wegen der Aufschrift, sondern weil sie die Idee an sich so toll fand. Als sie fragen wollte, wie man die Zettel da reinkriegt, bat ich sie zu gehen. Denn ich sah es schon kommen, dass es beim nächsten Geburtstag meines Vaters gefüllten Hackbraten geben würde – mit einer kompletten Ausgabe der *Bild der Frau* eingebacken. Und in der *Bild der Frau* befände sich dann das Rezept vom Hackbraten.

Wenn Sie zum ersten Mal Sushi essen gehen wollen, rate ich Ihnen, jemanden mitzunehmen, der sich damit ein wenig auskennt. Denn vor Ort kann Ihnen die Bedienung die unterschiedlichen Sorten und die Art und Weise ihres Verzehrs nur bedingt erklären, und es muss ja nicht sein, dass Sie die komplette Sojasoße über Ihr Maki kippen, nur weil Sie denken, dass man das zu Hause beim Jägerschnitzel schließlich auch so macht.

Kommen wir zum nächsten Restauranttyp, dem sogenannten Italiener. Den kennt man auch auf dem Dorf, und er gilt eigentlich immer als eine sichere Variante, denn man weiß: «Eine Pizza ist eine Pizza ist eine Pizza, da kann man nicht viel falsch machen!»

Mittlerweile gibt es in vielen Städten ein etwas anderes italienisches Lokal: *Vapiano*. Ein Phantasiename, der sich aus den Wörtern «Va» und «piano» zusammensetzt, wobei «Va» übersetzt «gehen» und «Piano» «langsam» bedeutet – also: «Geht langsam!» Für uns Menschen vom Lande weckt ein solcher Name natürlich heimatliche Assoziationen, wir fühlen uns sofort wohl. Doch auch wenn die Vermutung naheliegt: Nein, der Laden wird nicht vom Deutschen Beamtenbund gesponsert. Das Konzept des Vapianos sieht vor, dass die Speisen direkt vor den Augen der Gäste zubereitet werden. Das kennt mein Vater zwar von Zuhause von meiner Mutter, aber hier ist es doch um einiges spektakulärer. Dort gibt man in den Wok lauter köstliche Zutaten wie beispielsweise Karotten, Salsiccia, Tomaten, Hühnchen, Fisch oder Rind. Später werden die Nudeln hinzugefügt, und alles wird gekonnt durchgemischt. Während mein Vater zu Hause bei meiner Mutter einfach nur fünf Minuten vorm Herd steht und wartet, bis die Milch für den Kartoffelbrei nach oben steigt, und dann laut schreit: «Mutter, die Milch!», macht *Vapiano* deutlich mehr Spaß.

Ein weiterer kulinarischer Höhepunkt in Städten ist das türkische Essen, darunter der sogenannte Döner Kebab als bekanntestes Gericht. Mein Vater hat mal versucht, einen solchen Dönerspieß zu Hause nachzubauen, aber den Elektro-Grill senkrecht aufzuhängen, um dann ein Schaf von Bauer Erwin davorzuhängen, konnte einfach nicht funktionieren. Der Döner soll ursprünglich aus Berlin stammen. Das konnte aber nie bewiesen werden, und die Hüffelsheimer sind der Meinung, dass der erste Döner entstanden ist, als mein Cousin Jens an Silvester einen Chinaböller in eine Schafherde schmiss. Da gehen die Meinungen doch deutlich auseinander.

Döner-Buden sind – ganz im Gegensatz zu den Städten – auf

dem Land eher rar gesät. Eigentlich unverständlich, wo doch der Weg der Zutaten von der Weide bis zum Dönerspieß so kurz ist. Ich persönlich esse Döner wirklich sehr gerne und empfehle, ihn unbedingt zu probieren. Dazu trinken Sie am besten einen türkischen Tee – als Ü-Tüpfülchen sozusagen.

Mein Vater geht allerdings nicht mehr zum Türken, seit er sich mal in der U-Bahn in einen halben Döner gesetzt hat – eine ganz schöne Sauerei. Vor allem der Geruch hing noch Tage später an seinen Klamotten. Verständlicherweise war mein Vater sehr wütend, konnte sich aber ein paar Jahre später rächen: Als wir unseren Urlaub in Istanbul verbrachten, hat er drei halbe Knödel in einen Bus gelegt – mit Soße. Die *BILD*-Zeitung titelte damals: «Wer kennt den Pfanni-Terrorist?» Schön, wenn man einen so berühmten Vater hat.

Geschmackstechnisch auf der gleichen Ebene wie der Döner anzusiedeln ist das Gyros. Es handelt sich hierbei nicht um den Liebesgott aus der griechischen Mythologie, sondern um einen Drehspieß mit Schweinefleisch. In Griechenland wird Gyros mit dem Wort «Runde» übersetzt. Aus diesem Grund trägt die bekannte Rundfahrt «Tour de France» in Griechenland den Namen «Gyros tis Gallias». Pech für deutsche Touristen, wenn sie in einem Restaurant in Rhodos Fleischstückchen erwarten, aber stattdessen auf einem Fernsehbildschirm Radfahrer gezeigt bekommen.

Auf dem Land bereitet man sein Essen ja gerne selbst zu, Fertiggerichte sind eher verpönt. Selbstgemachtes können Sie auch nach einem Umzug in die Stadt weiter genießen, da sich diese Art der Essensbeschaffung dort mittlerweile wachsender Beliebtheit erfreut. In der Stadt entspannt man sich meist in Kleingartenvereinen, in denen man sich mit den Nachbarn streitet, weil der Kirschbaum zu viel Schatten spendet und damit das Sonnenbaden der Nachbarin deutlich und sichtbar eingeschränkt wird. Trotzdem können Sie dort natürlich Ihren gärtnerischen Drang ausleben. Das können Sie aber auch direkt in der Stadt: Es wird Sie niemand daran hindern, auf einem Grünstreifen ein paar Blumen zu pflanzen – davon, Bohnenstangen im Kreisverkehr an der Siegessäule in Berlin zu setzen, sollten Sie jedoch absehen.

Der Trend zum Selbstangebauten hat sich inzwischen auch bei vielen Jugendlichen in der Stadt durchgesetzt, allerdings beschränken sie den Anbau meist auf die eigenen vier Wände, und die Eltern dürfen nichts davon wissen. Diese bei Jugendlichen so beliebte Art des Gärtnerns vor meiner Mutter zu verheimlichen, wäre allerdings schwierig gewesen, denn sie ist eine wahre Expertin in der Welt der Botanik. Ich hätte wohl Probleme, ihr Cannabispflanzen als Bärlauch zu verkaufen.

Meine Mutter ist schon seit Jahren stolze Besitzerin eines großen Nutzgartens und pflückt, kocht ein, backt und konserviert, dass es eine Freude ist. Wer auch immer bei uns zu Besuch ist, muss die Bohnen oder den Möhreneintopf oder die Marmelade ganz unbedingt probieren, begleitet von dem stolzen Satz meiner Mutter: «Aus unserem Garten. Selbstgemacht!» Ich glaube, als ich bei meiner Abitur-Feier auf der Bühne stand, lehnte sich meine Mutter zu ihrem Sitznachbarn rüber und raunte: «Aus unserem Schlafzimmer. Selbstgemacht!»

Berühmt ist sie für ihren russischen Zupfkuchen. Den muss sie bei allen Sportveranstaltungen, jedem Benefizabend und sämtlichen Geburtstagen von Nachbarn und Freunden backen. Sie kennt zwar auch andere Kuchenrezepte, aber alle wollen nur ihren Zupfkuchen. Meine Mutter ist ein echtes One Cake Wonder! Der Tourauftakt ihrer «Zupfkuchen-Tour» ist übrigens am 14. Mai bei Tante Annemaries 60. Geburtstag.

Leider habe ich das handwerkliche Geschick meiner Mutter nicht geerbt. Ich versuche zwar auch vieles selbst zu machen, denn etwas mit seinen eigenen Händen zu erschaffen ist großartig: Man geht in den Wald Holz sammeln, hackt es mit der Axt klein, zündet es im Kamin an und ruft dann persönlich die Feuerwehr – alles selbstgemacht. Aber bei mir ist es bekanntlich damit nicht weit her, obwohl ich mir wirklich Mühe gebe. Zum Beispiel steht jetzt eine von mir selbst hergestellte Lavalampe in meinem Zimmer: Ich habe einfach die eingemachten Pfirsiche von meiner Mutter angestrahlt. Auf so etwas muss man erst mal kommen. Kleiner Tipp für alle Nachahmer: Apfelmus sieht scheiße aus.

In den Städten ist die Lust auf Selbstgemachtes und Selbstangebautes ungebrochen, vor allem «bio» und «ökologisch» muss es sein. Produkte mit diesem Label findet man meist in Bio-Läden, die damit werben, frische, natürliche und gesunde Produkte zu vertreiben.

TOP 3 **Welche verrückten Sachen gibt es in Bio-Läden?**

1. Bio-Tonne – sitzt an der Kasse
2. Bio-Tanga – ein Strohhalm
3. Bio-Eis – artgerechte Haltung der Salmonellen

Sie können in der Stadt sogar zu einem Bio-Zahnarzt gehen, auch wenn ich persönlich mir darunter eigentlich nicht so viel vorstellen kann. Wird das Loch im Zahn dort nicht gefüllt, sondern einfach ein Spinatrest davorgehängt?

Wie dem auch sei, der Bio-Boom kennt momentan keine Grenzen. Wahrscheinlich gibt es bald auch keine Schulschwänzer mehr, sondern nur noch «Bio-Schüler» – glücklich und freilaufend. Ich hoffe nur, dass es irgendwann keine «Bio-Häftlinge» gibt. Nicht auszudenken, wenn passend dazu die «Bio-Polizei» anstatt der Pistole ihre Birkenstocksandalen hochhält und die Sirene selbst intoniert. Entschuldigung, ich habe mich etwas in Rage geschrieben, mein Bio-Rhythmus ist wohl etwas durcheinandergeraten.

Insgesamt kann man sagen: Auch wenn Sie nicht selbst anbauen, haben Sie in der Stadt gute Chancen, etwas Gleichwertiges in einem Bio-Laden zu bekommen. Zumal es in der Stadt viel leichter ist, selbst zu kochen, man geht einfach schnell in den Lebensmittelladen um die Ecke und besorgt sich die Zutaten. Auf dem Land hingegen gibt es nur sehr wenige oder gleich gar keine Lebensmittelläden. Dort fängt fast jedes Rezept mit den Worten an: «Schritt 1: Fahren Sie in die Stadt!»

TOP 3 **Woran erkennt man meine nicht vorhandenen Kochkünste?**

1. Mein Essen ist immer Trennkost – die eine Hälfte geht ins Klo, die andere in den Müll.
2. Ich bin mit der Medaille «Meister des depressiven Essens» ausgezeichnet worden – ich koche immer schwarz.
3. Viele Besucher lassen sich beim Gehen mein Essen einpacken und sagen: «Ich geb's einfach dem Hund.»

Wenn es ums Essen geht, wird Ihnen in der Stadt ein Phänomen begegnen, das Sie vom Land nicht kennen: Vegetarismus. Obwohl bei uns viele Gemüsesorten angebaut werden, legt man Wert auf ein gutes Stück Fleisch. Kein Wunder, dass meine Mutter neulich fragte: «Wo liegt eigentlich dieses Vegetarien?», und mein Vater gerne konstatiert: «Ich bin ja irgendwie auch Vegetarier, so viel Wurstsalat, wie ich esse!»

WISSEN: Vegetarier

Vegetarier sind Menschen, die bewusst auf den Verzehr von Fleisch und Fisch verzichten. Unter ihnen gibt es welche, die sogar ihre Haustiere fleischlos ernähren. Wahrscheinlich garnieren diese Familien auch nicht das Futter für ihre Katze mit Petersilie, so, wie man es aus der Werbung kennt, sondern geben ihrer Katze die Petersilie. Womöglich gibt es Vegetarier, die dieses Buch nicht lesen, weil das Wort «Fleisch» drin vorkommt.

Es gibt aber auch etwas weniger dogmatische Varianten des Vegetarismus, wie zum Beispiel die Flexitarier, die ihren Fleischkonsum flexibel gestalten und nur ab und an Fleisch essen. Das lässt natürlich viel Raum für Interpretation. Essen die nur Fleisch, wenn es gebraten auf dem Teller liegt? Das würde in unserer Familie dreimal am Tag vorkommen.

Außerdem gibt es die Pudding-Vegetarier, die Fleisch und Fisch meiden und ausschließlich Süßigkeiten essen – von Schokohasen und Katzenzungen einmal abgesehen.

TOP 3 **Was denkt eine Katze, die vom Herrchen fleischlos ernährt wird?**

1. Sie lernt sprechen. Ihr erstes Wort ist: «Tierheim!»

2. Ich hasse Tofu-Mäuse!

3. Alles naturbelassen – schmeckt trotzdem nicht.

Da zu einem guten Essen auch ein guter Schluck gehört, will ich Sie auf ein weiteres Stadtphänomen aufmerksam machen: Saftschorlen. Ob Apfelschorle, Maracujaschorle, Ananasschorle – mit Saft gemischtes Wasser ist en vogue, es soll erfrischen, Durst löschen und ist, ganz wichtig für Städter, kalorienarm. Schorlen trinkt man auf dem Land ja eher nicht so. Ordern Sie mal in einer Männerrunde im «Goldenen Ochsen» nicht Bier, Wein oder ein Weizen wie alle anderen, sondern eine «Rhabarbersaftschorle»! Das ist keine Getränkebestellung, das ist eine Mutprobe. Die würden Sie direkt zum Arzt schicken. Und der Landarzt würde Sie ernst ansehen und mit besorgter Stimme sagen: «Rhabarbersaftschorle? Bitte reduzieren Sie unbedingt Ihren Alkoholkonsum, damit so etwas nicht wieder vorkommt!»

In der Stadt gibt es hingegen Geschäfte, die sich voll und ganz auf den Verkauf von Saftmischungen konzentriert haben. Sollten Sie also einen Vitaminschub besonderer Art genießen wollen, besuchen Sie einfach einen solchen Saftladen!

Doch kommen wir zurück zum Essen. Wenn Sie sich für keine Nationalität entscheiden möchten und es außerdem lieber etwas schneller gehen soll, haben Sie auch die Möglichkeit, ein Fastfoodrestaurant wie McDonald's, Burger King oder die Sandwichkette Subway zu besuchen.

Sollten Sie jedoch so veranlagt sein wie mein Vater, der sich nur schwer entscheiden kann, würde ich Ihnen von Letzterem abraten. Denn in Läden wie Subway wird man mit Fragen nur so bombardiert und muss sich schnell festlegen. Welche Größe? Getoastet oder ungetoastet? Frischkäse oder Scheibenkäse? Doppelt oder einfach? Extra Ananas oder Bacon? Welche Soße? Als Menü? Chips oder Cookie? Sammeln Sie Märkchen?

Ich spreche aus Erfahrung, denn eines schönen Sommertages

betrat ich mit meinem Vater einen solchen Laden. Es war nicht viel los, hinter uns stand ein Student, und eine schwangere Dame kam eben zur Tür rein.

Das Problem war allerdings, dass mein Vater die Fragen der Bedienung nicht beantworten wollte, sondern Gegenfragen stellte: «Welche Größe? Was geht Sie das an?», «Wie Toast? Ich will kein Käs!», «Gibt's hier auch Schnitzel?», «Habt ihr ein Klo? Wie, das kostet 70 Cent?», «Was ist denn Bacon? Sprich Deutsch mit mir!», «Welche Soße? Zigeunersoße natürlich!», «Warum habt ihr denn kein Schnitzel?», «Was ist denn ein Cookie? Sprich Deutsch mit mir, oder ich komm dir rüber!», «Was denn für Märkchen? Ich sammle nur Briefmarken und meine Mutter pinke Porzellanenten!» Aus Platzgründen kann ich hier leider nur eine etwas gekürzte Version wiedergeben.

Die Schlange hinter uns war mittlerweile stark angewachsen, der Student hatte sein Sommersemester verpasst, die ehemals schwangere Dame bereits ihr Baby auf dem Arm, und die Verkäuferin wurde zur Mitarbeiterin des Monats gewählt, weil sie selbst nach monatelanger Diskussion mit meinem Vater immer noch freundlich geblieben war.

Fassen wir zusammen: Wenn Sie großen Hunger verspüren, entscheidungsschwach oder ein Subway-Anfänger sind, ist eine leckere Currywurst von einer Imbissbude eindeutig die klügere Wahl.

Sollten Sie nach dem Essen noch Lust auf einen Kaffee verspüren, haben Sie in der Stadt etliche Möglichkeiten, ihr nachzugehen, da es mittlerweile an jeder Ecke ein Kaffeehaus gibt. In angesagten Kaffeehäusern Kaffee zu trinken ist gerade unter den Mädels vom Land sehr beliebt. Da klaut man auch gerne mal ein Erinnerungsstück, um fortan selbst in der tiefsten Eifel seinen Caro-Kaffee aus einer Starbucks-Tasse trinken zu können. Die Kaffeekette Starbucks ist nebenbei bemerkt die bekannteste unter den modernen Kaffeehäusern. Wem ein Besuch bei Subway schon kompliziert erscheint, sollte sich das mit einer Stippvisite bei Starbucks noch einmal gut überlegen. Als meine Eltern und ich vor einiger Zeit zum ersten Mal eine derartige Filiale betraten und die Verkäuferin unsere hilflosen Blicke sah, fragte sie: «Schönen guten Tag, wollen Sie vielleicht einen Tall Café Mocca mit Hazelnut Flavour oder einen Double Vanilla Café Latte to go oder einen Chai Tea Latte oder vielleicht einen Double Shot Espresso?»

Wir machten auf dem Absatz kehrt.

Mein Vater rief im Hinausgehen: «Da gehen wir doch lieber zu Subway!»

Sollten Sie sich davon nicht abschrecken lassen, achten Sie bitte ein wenig auf die Preise. Meine Eltern trinken zum Beispiel gerne eine große Kanne Kaffee und haben schon 25,80 Euro allein für Heißgetränke bezahlt.

Wer gerade im Sommer keine Lust auf einen Kaffee oder einen Frappucino hat, sondern eher ein richtiges Eis bevorzugt, wird in der Stadt nicht enttäuscht werden. Neben den klassischen italienischen Eisdielen, in denen meine Mutter immer mit den gleichen Worten bestellt: «Schokolade, Stracciatella und Vanille. Ich esse nämlich nur Fruchteis!», gibt es noch andere moderne Eisläden wie zum Beispiel Häagen Dazs oder Ben & Jerry's.

Herausragend ist dort zunächst mal der Preis. Oft werden pro Bällchen 2,80 Euro verlangt. Ein Verkäufer begründete dies mir gegenüber mal mit den Worten: «Da sind ja auch so viele Stückchen drin!» Da hab ich gesagt: «Na, hoffentlich Zwei-Euro-Stückchen!»

Zugegebenermaßen sind die Eisbällchen in der Regel recht groß und richtig lecker. Bemerkenswert ist auch die Präsentation des Eises in den Behältern: Sie hat sich so entwickelt wie meine Frisur. Früher noch glattgestrichen, jetzt wild und nach oben gezwirbelt. Leider hat das Eis deutlich mehr Erfolg bei Frauen.

TOP 3 **Die besten Eissorten in der Stadt**

1. Litschi
2. Kaktusfeige
3. Schlumpf (wenn Sie ein blondes Haar darin finden – Schlumpfine)

Die besten Eissorten auf dem Land

1. Aufgetaut
2. Stiel ohne Eis
3. Schnee

Vor ein paar Jahren hat die Tierschutzorganisation *Peta* die Hersteller von Ben & Jerry's aufgefordert, die Kuhmilch im Eis durch Muttermilch zu ersetzen. Dann hätte Eissorten wie «Mutters Echte» nichts mehr im Wege gestanden. Vielleicht fordert Peta als Nächstes, Eissorten für Hunde zu entwickeln. Da kämen dann so interessante Eissorten wie «Cookies and Cats» oder «Pedigree Stracciatella» raus.

Mal ehrlich, wo kämen wir denn hin, wenn jetzt alle ein Mitspracherecht hätten, welche Eissorten es geben soll? Meine Tante Hilde, die dem Credo der gewaltfreien Erziehung folgt, hat ihrer Tochter neulich ein «Magnum-Mandel» abgenommen, weil das so gewaltverherrlichend klinge. Sollte es etwa ab jetzt «Lass-uns-reden-Mandel» heißen?

WISSEN: Häagen Dazs

Häagen Dazs ist ein amerikanischer Eisproduzent. Bei dem Begriff Häagen Dazs handelt es sich um ein Kunstwort, das für die Amerikaner europäisch klingen soll. Ein solches Vorgehen nennt man in der Werbewirtschaft «Foreign Branding»: Einem Produkt wird durch einen entsprechenden Namen der Anschein einer ausländischen Herkunft verliehen, weil man sich dadurch einen höheren Absatz erhofft. Das gibt es auch im Musikbusiness: Hinter der Gruppe Marquess, die mit ihrem Titel «Voyamos Companeros» sehr erfolgreich war, verbergen sich keine Spanier, wie man vermuten könnte, sondern Marco, Sascha, Christian und Dominik aus Hannover. Bald kommt wahrscheinlich Shakira auch auf die Bühne und gesteht: «Ich bin in Wirklichkeit die Chantal aus Offebach!»

Während Sie Eis essen oder Ihren Kaffee genießen, fällt Ihnen womöglich der Hinweis auf der Karte auf, dass sonntags ein sogenannter Brunch angeboten wird. Der ist bei Städtern, die gerne spät aufstehen, sehr beliebt und vereint Komponenten eines Frühstücks mit denen eines Mittagessens. Auf dem Land gibt es stattdessen das «Fraufen», es vereint Komponenten des Frühstücks mit denen des Saufens. Wie sagt mein Vater immer so schön? «Das Frühstück ist das wichtigste Bier des Tages!»

In der Tat hat das Konzept des Brunchs beim Geburtstag meiner Mutter nicht gut funktioniert, denn die Gäste sind bis zum Abendessen geblieben, das meine Mutter gar nicht mehr eingeplant hatte. Dann gab es eben das Gericht mit U – «Uffgewärmtes», oder anders ausgedrückt: «Brunch plus U». Brunchen hat sich in Hüffelsheim eben noch nicht so durchgesetzt.

Wenn Sie einfach mal was Süßes auf die Schnelle suchen, bieten sich Bäckereien an. In den Städten gibt es mehrere Bäckerei-Discounter, die sehr günstige Backwaren anbieten. Dort wird man nicht bedient, sondern holt sich die Waren selbst aus Glaskästen und bezahlt an der Kasse. Mit den Dumpingpreisen können die traditionellen Bäckereien natürlich nicht mithalten und müssen vermehrt schließen. Das finde ich eigentlich schade, und als ich auf dem Schild einer Bäckerei las: «Wir backen mehrmals täglich!», fügte ich hinzu: «Schön, dass ihr nicht aufgebt!»

Unsere Bäckerei auf dem Dorf ist der Umschlagplatz für alle Neuigkeiten, Gerüchte und Sensationen, die in Hüffelsheim gerade eine Rolle spielen. Sie ersetzt quasi die *Bild*-Zeitung. Dort erfährt man das, was man im Dorf wissen muss und eigentlich nicht wissen darf. Meine Mutter ging ganz selbstverständlich davon aus, dass das in der Stadt auch der Fall ist, und fragte eine Bäckereiverkäuferin, ob sie wisse, was denn nun mit Schmidts Anni und Schlüters Willi sei. Abulia aus Indien schaute sie lediglich fragend an. Und weil sie außerdem nichts mit dem freimütig feilgebotenen Rezept des russischen Zupfkuchens anzufangen wusste, beschloss meine Mutter, nur noch in die Hüffelsheimer Dorfbäckerei zu gehen und Brötchenholen in der Stadt mir zu überlassen. Aber wer weiß, vielleicht kommt das «One Cake Wonder» doch mal auf große Tour nach Indien.

Ich möchte das Thema «Essen und trinken» mit dem Hinweis auf einen Ort abschließen, an den meine Eltern und ich fahren, so lange ich denken kann: Kaufhof. Wenn wir früher einmal im Jahr in die große Stadt gefahren sind, landeten wir am Ende unseres Einkaufs immer dort. Damals habe ich gedacht, es handele sich um die Kantine der Kaufhof-Mitarbeiter, die uns hier netterweise mitessen lassen würden, weil wir ja von so weit her kamen und so viel eingekauft hatten. Erst später erfuhr ich, dass hier jeder essen kann.

Vor kurzem erst war ich wieder mit meinen Eltern dort. Ich bestellte an der Theke: «Ein Paprikaschnitzel, bitte!» Meine Mutter mischte sich ein: «Nein, das isst er nicht!» Ich liebe es, wenn sie von mir in der 3. Person spricht, während ich direkt danebenstehe! Ich sagte: «Doch, das isst er!» – «Nein, das hat er noch nie gegessen!» Ich widersprach: «Aber jetzt schon!» Die Verkäuferin spielte mit und fragte: «Isst er das jetzt?» Da war ich schon etwas verärgert, deshalb will ich an dieser Stelle einmal in aller Deutlichkeit sagen, dass ich alt genug bin, um selbst zu entscheiden, ob ich ein Paprikaschnitzel essen möchte oder nicht.

Schließlich bestellte ich einen «Toast Hawaii».

Was Essen angeht, herrscht bei uns zu Hause ein strenges Regiment. Auch von den Dingen, die ich nicht mochte oder wollte, musste ich immer einen Löffel probieren. Das ist das ungeschriebene Gesetz der Familie Jung – und völlig unnötig, wie ich als Kind fand. Wenn ich bei den Bundesjugendspielen gesagt hätte: «Ich laufe keine 100 Meter!», hätte meine Mutter ja auch nicht gesagt: «Drei Schritte werden gelaufen! Vielleicht gefällt es dir ja!» Oder: «Mama, ich mach keinen Weitsprung!» – «Och, schau dir den Sand doch wenigstens mal an. Probieren musste es schon!»

Leider muss ich gestehen, dass ich mich vor kurzem selbst dabei ertappt habe, die Sätze meiner Mutter wiederzugeben. Als nämlich ein Mädel zu mir sagte: «Ich will keinen Sex mit dir!», insistierte ich: «Och komm, nur fünf Sekunden! Schau dir den Körper doch wenigstens mal an! Probieren musste schon!» Doch ich konnte sie nicht umstimmen. Meine Mutter hat halt doch nicht immer recht.

Aber nun sind wir frisch gestärkt. Auf geht's zum Einkaufsbummel oder, wie man neudeutsch sagt: zum Shoppen!

Jetzt warten die Hüffelsheimer nur noch aufs erste Auto.

4. KAPITEL: Einkaufen

Acht Jahre ihres Lebens verbringen Frauen in Fußgängerzonen – mit Einkaufen. Auch mein Vater verbringt acht Jahre seines Lebens in der Fußgängerzone – mit Auf-der-Bank-Sitzen. Ob bei Städtern oder Landeiern, Einkaufen gehört zu des Menschen liebsten Freizeitbeschäftigungen.

Zunächst werden Sie zwischen einer Fußgängerzone und den Straßen Ihres Dorfes kaum einen Unterschied feststellen können. Bei uns ist ja aufgrund des geringen Verkehrsaufkommens eigentlich jede Straße eine Fußgängerzone. Bei näherem Hinsehen gibt es in der Stadt allerdings eine große Anzahl verschiedener Geschäfte zu bestaunen, die im Vergleich zum Dorf exorbitant ist.

WISSEN: Tante Emma

Der Tante-Emma-Laden ist ein kleines Geschäft, welches Lebensmittel und weitere Produkte des täglichen Bedarfs anbietet, deren Haltbarkeitsdatum überschritten ist. Der Laden ist oft so klein, dass nur eine Person, häufig die Ladenbesitzerin persönlich – eben «Tante Emma» –, darin arbeitet.

In den Städten gibt es solche Läden auch, doch werden sie dort oft von Mitbürgern mit Migrationshintergrund geführt. Trotzdem hat sich der Begriff Onkel-Ali-Laden nie durchgesetzt.

Wenn Sie eine Fußgängerzone betreten, müssen Sie darauf achten, dass Sie das Geld, das Sie ausgeben wollen, nicht gleich wieder verlieren: Taschendiebe lauern auf Touristen, greifen mal eben in ihre Handtasche und klauen das Portemonnaie – so schnell können Sie gar nicht gucken. Mein Vater kann ein Lied davon singen, denn bei seinem letzten Stadtbesuch wurde ihm seine Brieftasche entwendet. Doch glücklicherweise ist sie zwei Stunden später wiederaufgetaucht: Sie war nur mit meiner Mutter im Schuhladen einkaufen.

Von daher achten Sie bitte auf Ihre Sachen und gemeingefährliche Menschen, die es nur auf Ihr Geld abgesehen haben.

Mein Vater geht ja mittlerweile fast nur noch alleine einkaufen, gemeinsam mit meiner Mutter verliert er schnell die Geduld, da sie sehr neugierig ist und sich jedes Geschäft genau anschauen muss. Anfangs probierte er es noch mit dem Satz: «Schatz, park du doch mal ein, ich geh schon mal vor!» Dann hatte er erst mal eine gute halbe Stunde für sich. Aber seit meine Eltern ein neues Auto haben und dieses Auto eine Einparkhilfe besitzt, funktioniert der Trick nicht mehr.

Woran Sie sich in den Geschäften schnell gewöhnen müssen, ist die Sprache, die dort gesprochen wird. Meist ist das Englisch, das meine Eltern nicht verstehen. Ich bemerkte das allerdings erst, als meine Mutter mich einmal nach der Firma *Sale* fragte und wissen wollte, ob die gut sei, da die Dinge meistens reduziert wären. Kurios wird es auch, wenn mein Vater versucht, englische Wörter in seine Alltagssprache einfließen zu lassen. Als dieses Jahr im Karnevalsverein lautstark diskutiert wurde, wie viel Geld der Festumzug kosten würde, erkannte mein Vater: «Wenn keiner kommt, bleiben wir auf 2000 Euro sitzen. Aber das wäre wirklich der Wurscht Käs!»

TOP 3 **Die 3 beliebtesten Land-Stadt-Übersetzungen**

1. Vom großen Bruder – Second-Hand-Laden
2. Kaffeeklatsch mit meiner Mutter – information
3. 3 Stunden Kaffeeklatsch mit meiner Mutter – too much information

Einfacher zu verstehen sind im Vergleich schlichte Werbeslogans wie «Alles muss raus!», die man oft in den Schaufenstern sieht. Meine Mutter hat sogar mal ein Schild mit dieser Aufschrift mitgehen lassen. Es hängt jetzt an der Zimmertür meines 23-jährigen Bruders.

Die Slogans der Werbeindustrie sind mittlerweile auf ganzer Linie im Hause Jung angekommen: Während einer ihrer letzten Diäten trug meine Mutter ein T-Shirt mit der Aufschrift: «Wegen Renovierens geschlossen», und hinten: «Diese Woche – 20 Prozent!»

TOP 3 **Werbeslogans in Hüffelsheim**

1. «Come in und fahr raus!»
2. «Ich habe gar kein Auto!»
3. «Lebst du schon, oder jagst du noch?»

In einem Tiergeschäft sah ich neulich eine Hundefutterdose mit der Aufschrift: «Jetzt mit verbesserter Rezeptur!» Zunächst fragte ich mich, ob das für einen Hund überhaupt relevant ist. Doch dann dachte ich, eigentlich ist es schon wichtig, dass einem Hund sein Essen gut schmeckt – er kann ja bei Missfallen schlecht sagen: «Macht nichts. Ich geb's einfach dem Hund!» Es könnte natürlich sein, dass man den Hund mit solch feudalem Futter zu sehr verwöhnt: Nachher will er die Pantoffeln des Herrchens nicht mehr apportieren, weil er Besseres gewohnt ist: «Imitat statt echtes Leder?! Ärgs ...»

Auch wenn das Hundefutter von einem Sternkoch zubereitet würde, uns Menschen bringt das alles natürlich überhaupt nichts. Ich trete ja nicht in der Fußgängerzone in Hundescheiße und sage: «Macht nichts, ist ja verbesserte Rezeptur!»

In vielen Schaufenstern der Innenstadt können Sie den Slogan «Nur für kurze Zeit!» lesen. Was Sie bisher sicherlich nicht wussten: Dieser Satz stammt von meinem Vater. Er schrieb ihn schon auf sein Hochzeitsfoto. Meine Mutter hat jetzt ein Bild danebengestellt – von sich und unserem Nachbarn. Mit der Aufschrift: «Verbesserte Rezeptur!»

Man sollte solche Slogans allerdings nicht überbewerten. Jeder Laden hat mittlerweile das Wort «Sale» irgendwo stehen und macht Werbung mit Schnäppchen. Manche haben 365 Tage im Jahr Räumungsverkauf.

Wenn ich da noch an meinen kleinen Flohmarktstand vor unserem Haus denke! Da war ich acht und habe Legomännchen für zehn Mark das Stück verkauft. Die ohne Kopf gab es schon für acht und die mit Kopf, der aber ursprünglich von einem anderen Männchen stammte, waren für neun Mark zu haben. Den Playmobilelefant mit nur einem Ohr legte ich – Superschnäppchen! – bereits für eine Mark noch obendrauf. Das waren noch Preise! Leider ist meine Verkaufsstrategie nicht ganz aufgegangen. Niemand blieb stehen, um etwas zu kaufen. Zumindest so lange nicht, bis mir ein professioneller Marktschreier zu Hilfe kam: meine Mutter. Die schickte nach einer Weile auch noch meinen Vater vorbei. Sie hatte ihm ein Schild mit der Aufschrift «Wir müssen leider schließen! Einzelteile reduziert!» umgehängt.

Obwohl meine Eltern langsam mit städtischen Werbeslogans vertraut werden, kommt es noch immer zu Irritationen, vor allem bei meinem Vater. Jüngst las er auf einer Tafel: «Heute: Brauen – 7 Euro!» Da freute er sich riesig und rief direkt Onkel Erwin an, um ihm zu erzählen, dass er ein richtiges Bier-Schnäppchen aufgetan hatte. Nach Hause ist er dann mit gezupften Augenbrauen gekommen. Meine Mutter betrachtete das Malheur und kommentierte trocken: «Jetzt ist der Abstand zum Haupthaar noch größer geworden!» Mein Vater war indes entsprechend enttäuscht und sauer. Das zusätzliche «Gratis-permanent-Make-up» hätte er gerne gegen ein «Gratis-permanent-Bier-Trinken» eingetauscht. Aber es gab immerhin noch fünf Punkte – nicht in Flensburg, sondern für den Einkauf, sogenannte Payback-Punkte.

In den Städten sieht man immer mehr Menschen, die Punkte sammeln. Je nach Höhe der Summe, die man ausgegeben hat, bekommt man beim Vorzeigen einer Karte eine Punktzahl gutgeschrieben. Hat man eine bestimmte Punktzahl erreicht, kann man beim nächsten Einkauf Geld sparen oder erhält kleine Geschenke. Meine Brieftasche ist mittlerweile wegen dieser Karten von Payback, Douglas, Esprit, Praktiker etc. so dick, dass sie drei Kilo wiegt. Das Gute daran: Sollte die Brieftasche geklaut werden, bekommt der Dieb zwar Rabatt bei Douglas, doch aufgrund ihres Gewichts auch einen Bandscheibenvorfall gratis dazu. Leider könnte er dann allerdings auch meine AOK-Karte benutzen, um sich operieren zu lassen.

TOP 3 **Was macht man mit einer überfüllten Brieftasche?**

1. Man setzt sich drauf, um sie zuzubekommen.
2. Man verschenkt sie an die Mafia, damit die damit Leute versenken kann.

3. «Schatz, ich leg mal meinen Geldbeutel in deine Handtasche.»

Kleiner Hinweis für die Freunde von Drogen: Wenn man mit der Payback-Karte kokst, gibt es dafür leider keine Punkte. Und für alle Eheleute: Wenn Sie Ihren Partner hintergehen, bekommen Sie keine Treuepunkte abgezogen.

Während diese Karten noch relativ sinnvoll sein können, halte ich manche Gutschein-Aktionen, die in den Geschäften der Fußgängerzonen beworben werden, für extrem unnötig, zumindest aber lassen sie tief blicken. Mein Favorit in dieser Kategorie ist dabei die Aktion eines Friseurladens, bei dem man nach jedem Haarschnitt einen Fünf-Euro-Gutschein für eine Videothek bekam. Was soll man denn davon halten? Sieht man nach dem Friseurbesuch so kacke aus, dass man sich nicht mehr in die Öffentlichkeit traut und Filme nur noch auf dem heimischen Sofa gucken kann, anstatt ins Kino zu gehen?

Selbst die Leute, die in den jeweiligen Läden arbeiten, sind zuweilen von den Rabatt-Aktionen überfordert. Als ich mir einmal in einem Café um die Ecke einen Cappuccino bestellte, zeigte mir die Bedienung eine Gutschein-Karte und stotterte: «Also, äh, wenn Sie zehn Kaffee trinken, äh, dann bekommen Sie den elften, äh, zum Preis von einem!» Wow! Was für ein Schnäppchen!

Mein Onkel Erwin hat sich von den Rabatt-Systemen der städtischen Geschäfte jedenfalls einiges abgeguckt: Er lässt jetzt im «Goldenen Ochsen» immer seine Getränke anschreiben und sagt zum Wirt: «Heinz, wir machen das jetzt so: Wenn ich zehn Bier angeschrieben hab, bezahl ich das elfte!»

Was Sie in der Stadt im Allgemeinen und der Fußgängerzone

im Speziellen feststellen können, ist, wie schnelllebig dort alles ist. Die Stadt hat ein unglaubliches Tempo. Sie ist ein Porsche. Hüffelsheim ein Fiat. Stadtmenschen haben nie Zeit. Das sieht man allein schon an den Produkten, die man dort erwerben kann: Es gibt Reis, der in zwanzig Minuten zubereitet werden kann, aber auch solchen, der nach zehn oder gar schon nach zwei Minuten fertig ist. Bei fünf Beuteln kann man beim Einkauf eines Zweiminüters im Vergleich zum Zwanzigminüter neunzig Minuten Zeit sparen. Während andere Leute noch auf ihren Reis warten, kann ich mir ein komplettes Bayern-München-Spiel anschauen!

Auf dem Land ist diese Zeitersparnis nicht so wichtig, man geht mit mehr Ruhe und Gelassenheit an die Dinge. Meine Mutter nimmt die Packung des Zwanzigminüters in die Hand und denkt: «Der geht ja ruck, zuck!»

Ein weiteres Zeichen für den ständigen Zeitmangel der Städter sind die Schnellkassen in den Supermärkten – mit so etwas können wir in Hüffelsheim nicht dienen. In der Stadt heißt es dagegen von Seiten der Kassiererin: «Bitte nicht mehr als sechs Artikel!» Da ist man als Mensch vom Land erst einmal schockiert. In meinem Wagen lagen einmal bestimmt hundertachtzig Produkte. Also sagte ich einfach dreißigmal: «Das geht extra!»

Ich lasse mich von der Hektik der anderen immer anstecken und habe letztens sogar einen falschen Einkaufswagen mitgenommen. Das war mir sehr unangenehm, denn ich merkte es erst nach einigen Metern: Moment mal, woher kommt denn das Kind? Wenn Sie also demnächst bei Ihrem Einkauf auf einmal die Lautsprecherdurchsage hören: «Der kleine Lukas wurde an der Information abgegeben», dann wissen Sie jetzt Bescheid: Der Jung ist im Laden!

Um das Einkaufen etwas zu entschleunigen, stehen in größeren Supermärkten oft Bänkchen rum, über denen ein Schild mit der Aufschrift «Ruhezone!» hängt. Eine «Ruhezone» in einem Supermarkt einzurichten, finde ich schon etwas merkwürdig. Bald entscheidet man sich nicht mehr für einen Wellness-Urlaub auf Rügen oder fürs Wandern durch die Einsamkeit des Schwarzwaldes, sondern sagt sich: «Och, bei Rewe ist es doch eigentlich auch ganz nett – so eine Aussicht auf eine Metzgereifachverkäuferin kann schon sehr erholsam sein!»

In unserem Tante-Emma-Laden ist eine Ruhezone natürlich nicht nötig, denn die befindet sich direkt vor der Tür und heißt Hüffelsheim.

Oft ist man als Landei ob der Größe eines urbanen Supermarkts ziemlich aufgeschmissen und findet sich nur schlecht zurecht. Ich habe mal nach Tiefkühlpizzen gesucht, hielt eine Verkäuferin an und bat sie um Hilfe. Sie antwortete mit leicht arrogantem Unterton: «Ich bin aus der Kosmetikabteilung, da müssen Sie jemand aus der Tiefkühlabteilung fragen!» Eine Stunde später traf ich dieselbe Dame nach ihrem Feierabend zufälligerweise auf dem Parkplatz wieder und konnte mich rächen, denn sie sagte: «Mein Auto ist kaputt. Ich muss zum Bahnhof! Wissen Sie zufällig, wie ich dahin komme?» Ich sagte einfach nur: «Ich bin aus der Goethestraße, da müssen Sie jemand aus der Bahnhofstraße fragen!»

Ein Patentrezept, wie mit der Schnelllebigkeit der Metropolen umzugehen ist, gibt es eigentlich nicht. Sie sollten Ruhe bewahren und große Einkäufe auf die Werktage verschieben, denn einen Samstagmorgen in einem Supermarkt, in der Fußgängerzone einer Großstadt oder bei Ikea zu verbringen ist für einen Menschen vom Land großer Stress. Mein Vater begibt sich deshalb bei Ikea immer direkt ins «Bällebad» und überlässt meiner Mutter das Einkaufen. Sein Rekord liegt bei vierzig Fleischbällchen!

Eine Einkaufsfahrt zu einem großen Supermarkt wird in unserer Familie stets akribisch geplant. Zunächst werden die Werbeblättchen des Wochenendes studiert und auf deren Basis eine Einkaufsliste erstellt. Vor allem, wenn «Iglo-Schlemmerfilet à la Bordelaise» im Angebot ist, gibt es kein Halten mehr. Dann werden so viele Packungen gekauft, dass die Fischer enormen Druck von ihrem Chef bekommen: «Hau rein, die Hüffelsheimer wollen zu Real!»

Für meine Mutter ist es eben einfach ein Genuss, auch mal sagen zu können: «Heute gibt es schönen, gesunden Fisch!» Dass sie nur die Panade isst und sich das schwimmende Fett über den Kartoffelbrei kippt, spielt dabei keine Rolle. Das Fettauge isst schließlich mit.

Bevor sich meine Eltern in Richtung Supermarkt aufmachen, wird die Kühltasche mit Akkus versehen, da der Markt so weit weg ist, dass der Fisch frühzeitig aufzutauen droht. In meiner Kindheit reichten dafür noch sechs Kühlakkus, mittlerweile steckt meine Mutter acht ein. Scheiß Klimawandel!

Meist starten meine Eltern in aller Herrgottsfrühe, noch bevor der Supermarkt überhaupt öffnet. Grund dafür sind die Nachbarn. Wenn die nämlich mitbekommen, dass unsere Familie einkaufen fährt, geben sie meinen Eltern ihre Einkaufszettel mit. Das hasst mein Vater, also fährt er früh los. Das ist besser für sein Nervenkostüm – und für die Fische. Denn mit den zusätzlichen Einkaufszetteln der Nachbarn wäre der Bordelaise-Fisch akut vom Aussterben bedroht.

Früher, als wir noch keine Einparkhilfe hatten, suchte meine Mutter immer einen Parkplatz weit weg vom Eingang, da sie

Angst hatte, nicht in die Parklücken reinzukommen. Also parkte sie da, wo normalerweise keine Menschenseele mehr parkt. Manchmal hatte ich das Gefühl, sie war gerade von unserem Hof runtergefahren und stand schon wieder. Hieß es damals seitens meiner Mutter: «*Ich* fahre!», wusste ich: Es ist besser, die Wanderschuhe einzupacken. Jetzt hat sie das Problem beim Autoparken zwar nicht mehr, wünscht sich aber eine Einparkhilfe für ihr Fahrrad – denn in die Ständer an unserem Schwimmbad kommt sie auch nie rein.

Im Supermarkt angekommen, halten wir eigentlich alle immer sofort nach den Gratisständchen Ausschau. Ich verspreche Ihnen: Auch Sie werden sie zu schätzen lernen. Sie geben Ihnen die Möglichkeit, alles, was Ihnen die moderne Welt an Köstlichkeiten bietet, zu probieren. So was wird einem auf dem Land ja eher selten angeboten. Wenn bei uns im Tante-Emma-Laden jemand Gratisproben verteilen würde, würde meine Mutter der Nachbarin zuflüstern: «Das Zeug musste wohl weg!»

Mein Vater übertreibt es in den städtischen Supermärkten allerdings immer etwas und kostet auch von den Trauben, die in der Obstabteilung aufgebaut sind. Einmal hatte er noch an der Kasse so viele davon im Mund, dass die Kassiererin ihn bat, seinen Kopf aufs Band zu legen. Sie meinte, das müsse man nun aber wirklich auswiegen.

Ich rate Ihnen, das Verhalten meines Vaters nicht nachzuahmen und sich auch in anderer Hinsicht eher nicht an meinen Eltern zu orientieren: Sie haben die peinliche Angewohnheit, noch im Markt Süßigkeiten zu verspeisen und dann die leeren Verpackungen auf das Band an der Kasse zu legen. Das sieht dann immer so aus, als hätten wir unseren Müll von zu Hause mitgebracht. Eine ältere Dame fragte uns sogar mal: «Muss man das

Snickerspapier zurückgeben? Gibt es darauf Pfand?» Mein Vater stellte in der Zwischenzeit seine leere Bierflasche aufs Band, und die Kassiererin meinte: «Nee, darauf nicht, aber auf die leere Bierflasche!» Woraufhin mein Vater sagte: «Allerdings, aber erst mal muss ich die noch bezahlen!» Er hatte sie bereits hinter dem Regal mit den Saure-Gurken-Gläsern ausgetrunken.

Meine Empfehlung: Machen Sie Ihre eigenen Erfahrungen mit Supermärkten, denn Sie können dort viel lernen, zum Beispiel, dass das Obst und Gemüse mit speziellen Lampen angeleuchtet wird, damit es frischer aussieht. Mein Vater kommentierte das, als ich ihn darauf aufmerksam machte, charmant mit: «Das könnten die mit den Kassiererinnen ruhig auch mal machen!»

Begeben wir uns nach dieser kleinen Exkursion in die Welt der Supermärkte zurück in die Fußgängerzone. Dort stehen natürlich das Kleidungs- und Schuhe-Shoppen vor allem bei den Frauen hoch im Kurs. Wenn meine Mutter sagt: «Ich geh mal Schuhe gucken. Mal schauen, ob ich was finde!», dann kann es schon mal einen ganzen Tag dauern, bis sie wieder zurückkommt.

Mein Vater steht auch auf Shoppen, aber eher auf den Frühschoppen am Sonntagmorgen im «Goldenen Ochsen». Da kann es auch schon mal einen Tag dauern, bis er wieder zurückkommt.

Mittlerweile sind fast alle Fußgängerzonen austauschbar, da die Innenstädte fest in der Hand von Ketten wie Peek und Cloppenburg, Karstadt, C&A oder H&M sind; oft gibt es sogar mehrere Filialen des gleichen Unternehmens in einer Stadt. Da müssen Sie sehr präzise sein, wenn Sie sich ein Shirt gekauft haben und gefragt werden, woher Sie das haben. Hier reicht es nicht zu sagen: «Das habe ich von C&A!» Sie müssen schon die Straße oder zumindest den Stadtteil dazunennen. Auf dem Dorf ist das im Gegensatz dazu wieder mal recht einfach. Wird man dort gefragt: «Woher hast du denn den Milchreis?», wird man nie sagen müssen: «Aus dem Tante-Emma-Laden in der Hauptstraße 3! Der in der Hauptstraße 5 hatte den nicht!»

Der Vorteil der großen Ketten: Es gibt dort etwas äußerst Beeindruckendes, das es auf dem Land nicht gibt und das ich als Kind total toll fand: die Rolltreppe! Faszinierend und doch so einfach in der Benutzung – denkt man. Aber man muss die ungeschriebenen Regeln kennen, wie zum Beispiel: «Rechts stehen – links gehen!» Meine Mutter hat das bis heute nicht verstanden – mit der Folge, dass sie regelmäßig die erbosten Blicke anderer Käufer auf sich zieht.

WISSEN: Rolltreppe

Eine Rolltreppe dient zur Beförderung von Personen und führt zur Überwindung einer Höhendistanz, indem sich bewegende Metallelemente Treppenstufen bilden. Die längste Rolltreppe der Welt steht mit 126 Metern und drei Minuten Fahrtzeit in Moskau. Anscheinend kann man dort aufgrund des hohen Wodka-Konsums dem Russen keine langen Wege zumuten. Im Prinzip sind Rolltreppen ein Merkmal für Urbanität, denn in der Regel gibt es sie nur an Orten mit viel Publikumsverkehr. Doch auch dort kann es zu Stauungen kommen, vor allem, wenn Vaters Hosenbein in der Rolltreppe klemmt. Glücklicherweise hat die Notruftaste damals einwandfrei funktioniert. Kein Wunder: Sie hieß ja auch «Mutter»!

Neben den großen Ketten gibt es noch feine Edel-Anbieter wie Diesel, Hugo Boss oder Louis Vuitton. Diese Läden sind für meine Mutter aber eher irrelevant, denn ich glaube kaum, dass Gucci Kittelschürzen produziert. Natürlich zieht man sich auch auf dem Land modern an, aber der Zeitpunkt, an dem meine Mutter ihre Ed-Hardy-Unterwäsche in unserem Fluss wäscht, liegt wohl doch noch in weiter Ferne. Mir persönlich gefallen ja allein schon die Namen dieser Modedesigner. Die klingen so wunderbar, dass ich gar nicht glauben kann, dass «Giorgio Armani», «Calvin Klein» oder «Donatella Versace» keine Phantasienamen sind. Vielleicht aber gibt es in der Designer-Innung das ungeschriebene Gesetz, dass nur Kreative mit besonders klangvollen Namen aufgenommen werden? Bei einer Oscar-Verleihung würde doch niemandem über die Lippen bekommen: «Ach, Frau Jolie, Ihr Abendkleid vom Schneider Karl-Heinz steht Ihnen wirklich phantastisch!»

Notfalls muss man sich eben mit einer Abkürzung behelfen, wenn man einen schlimmen Namen hat; wahrscheinlich stecken hinter C&A Chantal und Achim. C&A ist im Übrigen ein Laden, in dem sich meine Mutter schon seit Jahren sehr wohlfühlt. Dort probiert sie zusammen mit meinem Vater viele, viele Kleidungsstücke an und übersieht solche Vorschriften wie: «Bitte nur 3 Teile in die Kabine nehmen!», geflissentlich. Als eine Verkäuferin sie einmal dezent darauf hinwies, sagte mein Vater nur: «Wir kommen vom Land. Wir sind nur einmal im Jahr hier. Wir haben keine Zeit!» Die Dame antwortete: «Dafür haben wir natürlich Verständnis, aber wir würden Sie doch bitten, eine Kabine zu benutzen!»

Um den Shopping-Stress der Innenstädte zu umgehen, hat man auf dem Land ja schon vor Jahren den optimalen Weg gefunden: Man bestellt im Katalog. Wenn bei uns zweimal im Jahr der Otto-Katalog eintraf, dann war das so, als hätte man kurzzeitig einen Kaufhof vor unsere Haustür geschoben. Ich komme mit Katalogen allerdings nicht so klar, denn unter den dortigen Farbangaben kann ich mir nichts so richtig vorstellen. Da sind die T-Shirts nicht gelb, grün oder schwarz, sondern haben Farben mit merkwürdigen Namen, die für den Alltag komplett unbrauchbar sind. So hat sich, soviel ich weiß, noch keiner «grün und khaki» geärgert. Und den Satz: «Du, es gibt bestimmt Gewitter. Die Wolken sehen ganz Panna Cotta aus!», hab ich auch noch nie gehört. Wenn Tante Heidi erzählt, dass Onkel Erwin letztens wieder total blau nach Hause gekommen ist, da fragt doch keiner «Lavendel» oder «Royal»?

Kehren wir noch einmal in die Fußgängerzone zurück. Auffällig ist die große Anzahl an Drogerien wie DM oder Rossmann. Auf dem Land ist dagegen noch Schlecker an der Macht. In unserem Nachbarort gibt es zum Beispiel eine Filiale, und drumherum ist weit und breit keine Alternative in Sicht. Als mein Kumpel Martin vor kurzem Geburtstag feierte, bekam er siebenmal die DVD «Der Kaufhaus-Cop» mit Kevin James geschenkt. Die hatte es in dieser Woche bei Schlecker im Angebot gegeben.

Ich persönlich bin ein großer Fan von Drogerien, ergötze mich an der Vielfalt der dort angebotenen Produkte und probiere auch gerne mal was Neues aus. Neulich zum Beispiel eine Schokoladen-Maske für mein Gesicht, die ich zugegebenermaßen eigentlich erstanden hatte, weil ich sie für einen Kuchenguss hielt und meinem Vater einen Geburtstagskuchen hatte backen wollen. Glücklicherweise habe ich meinen Irrtum gerade noch rechtzeitig bemerkt …

Neulich entdeckte ich in einer Drogerie ein 96-Stunden-Deo, also ein Deodorant, das 96 Stunden Frische gewährleisten soll. Ist das nicht ein großer Schritt in Richtung verwahrloste Gesellschaft? Deorollen statt waschen? Beim *Rock-am-Ring*-Festival wurden direkt nach Einführung des 96-Stunden-Deos die Duschen abgebaut, und viele Studenten bieten inzwischen ihr Bad als weiteres WG-Zimmer an.

Schaut man sich die Auswahl der Pflegeprodukte in den Drogerien an, scheint die Sorge in Sachen mangelnde Körperhygiene jedoch unbegründet: Da wird gepflegt, gewaschen, gecremt und gesprüht, dass es eine Freude ist! Ich frage mich allerdings immer, zu welcher Tageszeit Studenten eigentlich eine Nachtcreme benutzen. Und ob die mittags wohl genauso gut wirkt. Mein Onkel Erwin hat sich jetzt sogar «Conditioner» gekauft – für die Pflege sensibler Haare nach dem Waschen. Dabei hat der eine Glatze. Die Pflegehysterie nimmt auch unter Männern immer mehr zu. In unserem Fußballverein hat man sich früher nach dem Spiel zu elft eine Seife geteilt. Heute bringt jeder seinen halben Kosmetikkoffer mit. Wenn Sepp Herberger noch leben würde, müsste er erschreckend feststellen: Nicht nur das Spiel, sondern auch der Duschgang hinterher dauert 90 Minuten!

Ich drücke Ihnen jedenfalls die Daumen, dass Sie sich im Laufe der Zeit im Dschungel der Pflegeprodukte zurechtfinden. Seien Sie guten Mutes: Die Tage, in denen meine Mutter das Parfüm «Tester» kaufen wollte, gehören mittlerweile auch der Vergangenheit an.

TOP 3 **Welches sind die bekanntesten Gerüche auf dem Land?**

1. Stall
2. Kuh
3. Angstschweiß meines Vaters, wenn er nach 15 Bier nach Hause zu meiner Mutter kommt

Gerüche können auch das Kaufverhalten beeinflussen. So werden in die Lüftungsanlagen von Kaffeeketten wie Starbucks Kaffee-Aromen eingeleitet, damit den Menschen, die den Laden betreten, direkt ein Kaffeegeruch in die Nase steigt und sie zum Kauf animiert. Ich kann mir schon vorstellen, dass das funktioniert. Auch umgekehrt: Wenn Bauer Josef auf seinem Hof eine Douglas-Filiale eröffnen würde, wäre er nach drei Wochen pleite. Der Geruch von Kuh in der Luft ist nicht gerade förderlich, möchte man ein «Hugo Boss»-Parfüm erstehen.

Generell wird es sicherlich eine Weile dauern, bis Sie sich an die Gerüche in der Großstadt gewöhnt haben. Kaffeearoma, Parfüm und meinetwegen auch Essengerüche sind ja schön und gut, doch grundsätzlich muss man enorme Abstriche machen. Die sprichwörtlich gute, frische und gesunde Landluft werden Sie hier nicht finden, stattdessen den Gestank von Autoabgasen und Urin. Und, man darf es nicht unerwähnt lassen: Menschen riechen natürlich auch. Davon werden Sie besonders dann ein Lied singen können, wenn Sie regelmäßig überfüllte Busse und U-Bahnen benutzen. Neulich standen neben mir zwei Jugendliche im dichten Gedränge. Der eine beschwerte sich beim anderen: «Alter, musst du jetzt hier unbedingt Döner mit Tsatsiki essen!» Sein Kumpel antwortete: «Ja, unbedingt, so, wie du stinkst!»

Abschließen möchte ich meinen kleinen Exkurs zum Shoppen mit der Bemerkung, dass sich die Städter nach wie vor viel von uns Landeiern abgucken: Das gilt auch für die Tendenz, viele kleinere Geschäfte unter einem Dach etwas außerhalb der Innenstädte zu großen Einkaufszentren zusammenzuschließen. Der Vorläufer dieser Entwicklung stammt aus Hüffelsheim. Unsere Bäckerei ist zum Beispiel gleichzeitig auch unsere Apotheke. Und deshalb kann es passieren, dass meine Mutter zur Bäckerin sagt: «Ich hätte gerne einen Hefezopf und etwas gegen Völlegefühl!»

Jetzt wissen Sie das Wichtigste über Fußgängerzonen und haben damit auch mehr Ruhe, sich etwas ausführlicher mit den Bewohnern der Stadt zu beschäftigen.

Also los, Alder, ab zu den Checkern!

Für unsere Touristen mit Reiserücktrittsversicherung – so kommen sie schnell wieder nach Hause.

5. KAPITEL: Stadt und Leute

Es gibt in den Städten Menschengruppen, die Sie wahrscheinlich aus Ihrer Heimat nicht kennen und mit denen Sie bei Ihrem Besuch in der Stadt zum ersten Mal konfrontiert werden. Politessen und die Zeugen Jehovas haben wir ja bereits in den vorangegangenen Kapiteln behandelt, doch es existieren noch weitere ungewöhnliche Charaktere, bei denen Landeier erst einmal große Augen machen. Bei uns gibt es schließlich kaum merkwürdige Menschen. Auf dem Dorf hast du so schnell einen schlechten Ruf weg, dass sich die Menschen das mit dem Merkwürdigsein meist noch einmal überlegen. Wenn jemand sich bei uns in Hüffelsheim zum Beispiel merkwürdig kleidet, merkwürdige Dinge tut oder merkwürdige Dinge sagt wie: «Ich hab kein Bock aufs Schützenfest», bekommt er oder sie sofort die verheerende Tratsch-Gewalt meiner Mutter zu spüren – und das will nun wirklich keiner.

Es gibt auch wenige Fremde bei uns, höchstens tauchen ab und an mal ein paar Touristen auf, die sich verirrt haben. Die einzigen Leute von außerhalb, die regelmäßig zu uns kommen, haben zwei Hunde und fünfzig Schafe dabei. Grundsätzlich stehen wir deshalb Menschen mit fremden Nummernschildern eher skeptisch gegenüber. In den Augen meiner Mutter gilt ein Fremder so lange als vorbestraft, bis er zur nächsten Kirmes einen Nudelsalat mitgebracht und das Rezept dafür meiner Mutter freiwillig ausgehändigt hat. Damit hätte das Terrornetzwerk des Backens wieder zugeschlagen.

Nun soll es aber um jene Menschen und Gruppierungen gehen, die Ihnen in der Stadt begegnen können. Fangen wir zunächst mit etwas Unangenehmem an: Sie wissen bereits aus dem Kapitel über Verkehr, dass es sich meist um einen Parkplatzsuchenden handelt, wenn Sie in der Stadt verfolgt werden. Doch Obacht! Manchmal handelt es sich bei diesem Verfolger auch um einen sogenannten Stalker!

WISSEN: Stalker

Laut Paragraph 238 des Bürgerlichen Gesetzbuchs ist ein Stalker ein Mensch, der einem anderen Menschen unbefugt nachstellt und ihn beobachtet, indem er beharrlich seine räumliche Nähe aufsucht.

Auf dem Land ist das gar nichts Besonderes. Dort gibt es solche Menschen schon lange – man nennt sie «Nachbarn»! Der Stalker meiner Eltern leiht sich ständig deren Heckenschere aus.

Vor allem berühmte Persönlichkeiten und echte Stars werden Opfer von Stalking, so zum Beispiel auch die Volksmusikanten Marianne und Michael. Doch seien wir mal ehrlich: Wer bei Marianne und Michael stalkt, hat sich bestimmt vorher überlegt: «Ich mach erst mal ein Praktikum und guck, ob das überhaupt was für mich ist!»

Oft rufen Stalker täglich bei ihren Opfern an und fragen, was sie machen und wie es ihnen geht. Die Opfer werden permanent belästigt und haben kaum Möglichkeiten, sich dem zu entziehen. Mein Stalker heißt «Mutter». Onkel Erwin formulierte es mal treffend, als ich mich bei ihm darüber beklagte: «Deine Mutter ist wie eine Drehtür, sie folgt dir überallhin!»

Und damit kommen wir zum zentralen Merkmal des Stalkers: Er muss beim Opfer Angst auslösen. Ansonsten ist er einfach nur ein Typ, der dir hinterherläuft.

Ein Beispiel: Mein Duschvorhang bleibt beim Duschen immer an meinem Po kleben, egal, wie ich mich drehe und wende. Das macht mir aber keine Angst – ergo: kein Stalking. Als mich ein Zeuge Jehovas einmal verfolgte, habe ich mich auch vor ihm nicht gefürchtet – ebenfalls kein Stalking. Wenn mir aber ein Zeuge Jehovas meinen Duschvorhang an den Po kleben würde, dann hätte ich Angst, große Angst sogar – klarer Fall von Stalking.

Sollte mich jemals ein Stalker nach Hüffelsheim verfolgen, hat er direkt schon ein Problem: Sobald er in den Ort reinfährt, ist er von Hunderten Gleichgesinnten umgeben!

Allerdings haben Nachbarn, wie Sie sie vom Dorf kennen, in der Stadt eine untergeordnete Funktion. Vielleicht werden Sie zunächst denken, dass Sie gar keine Nachbarn haben, weil niemand da ist, der Sie kontrolliert. Es muss sie allerdings geben, denn schließlich befinden sich Türen in Ihrem Haus, zu denen Sie keine Schlüssel haben – dahinter wohnen Ihre Nachbarn. Vielleicht begegnen Sie ihnen mal im Treppenhaus, aber dann geht man einfach nur an aneinander vorbei und sagt kurz hallo. Bestenfalls hören Sie sie nur.

Man lernt seine Nachbarn in der Stadt selten gut kennen. Mein Cousin Jens zum Beispiel wohnt in Berlin und hat mal die Polizei gerufen, weil er glaubte, ein Einbrecher sei in seiner Wohnung. Dabei war es nur sein neuer Zimmernachbar in der Sechser-WG, der sich in der Küche einen Kaffee hatte kochen wollen.

Die Anonymität der Großstadt erschwert einem natürlich auch das alltägliche Leben. Während es auf dem Land üblich ist, sich schnell mal beim Nachbarn das zum Backen fehlende

Mehl oder ein Ei zu leihen, ist das mit den Nachbarn in der Stadt eher schwierig. Meine Mutter wollte einmal bei mir in der Stadtwohnung kochen und klingelte bei der Nachbarsfamilie, um zu fragen, ob sie ein Gewürz für Schweine-Geschnetzeltes ausleihen könne. Die türkische Mutter hat meine Mutter nur ganz verwundert angeschaut.

WISSEN: Nachbar
«Nachbar» setzt sich aus den beiden Worten «Nahe» und «Bauer» zusammen. Darunter versteht man die in den angrenzenden Gebäuden bzw. Wohnungen lebenden Personen. Normalerweise ist der Abstand zum nächsten Nachbarn recht gering, doch außerhalb der Ortschaften kann die Entfernung auch mehrere Kilometer betragen. Also überlegen Sie es sich gut, wenn Sie der Post sagen: «Geben Sie das Paket beim Nachbarn ab!» Sie müssen es schließlich auch dort wieder abholen. In der Stadt wiederum ist das natürlich kein Problem. Vor allem DHL-Angestellte, die herausgefunden haben, dass es Menschen gibt, die zu Hause ein Buch schreiben, nutzen die Möglichkeit, Pakete beim Nachbarn abzugeben, oft und gern.

Eine Gelegenheit, seine Nachbarn kennenzulernen, ist, wenn Probleme auftreten. Und manche Nachbarn lieben Probleme. Bei mir im Haus wohnt zum Beispiel Herr Schmidt, ein älterer Herr, dessen Hobby es ist, seine Mitmenschen zu schikanieren. Vor allem, wenn es um das Thema Lärm und Krach geht, ist er schnell in seinem Element. Wobei «Lärm und Krach» von ihm etwas anders interpretiert wird als vom Rest der Weltbevölkerung: Als ich neulich mit Freunden abends zum Essen zusammensaß, hat er die Polizei gerufen und sich über den Lärm beschwert – er wohnt vier Stockwerke unter mir.

Neben mir wohnen, wie anfangs beschrieben, der schwerhörige Opa, das nachtaktive Pärchen und ein Stockwerk unter mir ein paar Studenten, die Räucherstäbchen benutzen und zum Meditieren spirituelle Entspannungsmusik hören – und die ist *wirklich* laut! Ich frage mich, warum Herr Schmidt da nicht durchdreht. Beschweren tue ich mich aber ebenfalls nicht, denn bei dem Satz: «Das hält ja kein Mensch aus! Jetzt macht mal diese scheiß Walgesänge leiser!», käme ich mir irgendwie blöd vor. Und bei der Polizei anzurufen und zu sagen: «Hören Sie, die haben den plätschernden Wasserfall so weit aufgedreht, da fliegt einem die Rübe weg!», käme mir noch absurder vor.

Wenn Sie sich mit Ihren Nachbarn gutstellen wollen, sollten Sie vor einer Party einfach einen Zettel schreiben, den sie im Hausflur aufhängen und auf dem Sie die Nachbarn bitten, nachsichtig zu sein. Von der oftmals auf diesen Zetteln verwendeten Floskel «Kommen Sie vorbei, und feiern Sie doch einfach mit!» würde ich Ihnen dringend abraten. Manche nehmen sie ernst – ich jedenfalls würde die Geburtstagsparty mit Herrn Schmidt am liebsten aus meiner Erinnerung streichen.

Auf dem Land ist Lärm kein Problem, insbesondere, weil im Normalfall alle Nachbarn, die nörgeln könnten, eh auf den jeweiligen Partys eingeladen sind. Als das einmal nicht so war, beschwerte sich Onkel Erwin tatsächlich bei unserem Nachbarn, dass es ihm zu laut wäre. Man muss aber ja nicht immer gleich die Polizei rufen. Er ist einfach rüber und hat alles leergesoffen – seitdem macht dieser Nachbar auch keine Partys mehr. Alkohol zu sich zu nehmen liegt dem Erwin im wahrsten Sinne des Wortes im Blut! Und dabei entwickelt er einen Einfallsreichtum, dass es eine Freude ist. Seine letzte kreative, in betrunkenem Zustand entwickelte Idee war, sich den Bauchnabel vergrößern zu lassen, um im Liegen seine Bierflasche dort hineinstellen zu können. Dann müsse er sie nicht immer in der Hand halten, erklärte er mir. Onkel Erwin ist einfach ein praktisch denkender Mensch.

Häufiger als auf dem Land trifft man allerdings in Städten auf Menschen, die beim Schönheitschirurg Teile ihres Körpers haben austauschen und ausbessern lassen. Oftmals völlig unnötig, dennoch haben vor allem reiche Frauen Gefallen daran gefunden und können, einmal damit angefangen, kaum ein Ende finden. Vielleicht sollte man – wie bei C&A – vor dem OP ein Schild aufhängen mit der Aufschrift: «Bitte nicht mehr als 3 Teile!» Aber das wäre wohl geschäftsschädigend.

Ich möchte Sie mit diesen Zeilen darauf vorbereiten, dass der Anblick solcher Menschen durchaus schockierend sein kann. Meine Eltern und ich trafen mal in der Stadt eine entfernte Bekannte, die sich die Lippen hatte aufspritzen lassen. Wir standen mit offenen Mündern vor ihr. Selbst meine Mutter war sprachlos. Aber nur, bis die Bekannte fragte: «Gut geworden, ne?» Da sagte sie: «Ich habe die ganze Zeit überlegt, was das ist. Ich dachte erst, Sie balancieren eine Bockwurst!»

Meine Eltern und ich lachten. Die Bekannte nicht – weil sie nicht konnte, selbst, wenn sie gewollt hätte. Als ich dann noch fragte: «Benutzt du eigentlich noch einen Lippenstift, oder müssen jetzt die Maler ins Haus kommen?», ging sie beleidigt davon.

Eine weitere Gruppe, die vor allem in der Stadt zu finden ist, ist die Gruppe der Homosexuellen. Da sieht man Mann und Mann auch mal Händchen haltend durch die Straßen der Stadt flanieren. Denken Sie sich nichts dabei, sondern gehen Sie einfach weiter und grüßen Sie freundlich: «Guten Tag, Herr Westerwelle!» Und dann ist auch gut.

Wobei sich auch auf dem Land viele Menschen mittlerweile toleranter gegenüber Homosexuellen verhalten, seitdem bei uns durchgesickert ist, dass Schwule keine Erfindung der *Lindenstraße* sind. Mein Groß-Cousin, der Udo, hatte vor kurzem sein Coming-out. Er hat einfach ganz freiheraus gesagt: «Ich bin nicht so wie die anderen Männer!» Wenn man einen solchen Satz zu einer Frau sagt, klingt das ja super, wenn man ihn zu seiner Mutter sagt, bekommt er zugegebenermaßen eine etwas andere Bedeutung. Udos Mutter Irmgard brauchte dementsprechend länger, um die neue Entwicklung im Leben ihres Sohnes zu begreifen. Zunächst schlug sie ihm ganz fürsorglich vor, es doch mal mit kalten Wadenwickeln zu versuchen. Wenn das zum Erfolg geführt hätte, wäre das natürlich eine Weltsensation gewesen …

Meine Mutter ist mit Udos Bekenntnis hingegen sehr entspannt umgegangen und sagte zu mir: «Ja, der Udo ist zwar …, du weißt schon, aber der geht noch ganz normal arbeiten!» Ja, dass der Udo das noch kann!

TOP 3 **Was hat sich verändert, nachdem ein schwuler Anhalter Ihr Auto verlassen hat?**

1. Ihr Wackel-Dackel trägt jetzt ein pinkes Plüsch-Jäckchen.
2. Die Scheibenwischer haben eine andere Wischbewegung.
3. Ihre Hupe macht jetzt: «Husch, husch!»

WISSEN: CSD

Der Christopher Street Day ist ein Festtag, Gedenktag und Demonstrationstag für Schwule und Lesben. Die Bezeichnung «Christopher Street Day» ist nur in Deutschland üblich. In Österreich trägt er den schönen Namen Regenbogenparade. In Hüffelsheim wäre solch eine Parade auch möglich, da auf dem Land viele Menschen mit Holzfäller-Hemden rumlaufen.

Kommen wir nun zur nächsten Gruppe interessanter Menschen, die Sie in der Stadt begutachten und die Sie sogar mit nach Hause nehmen können, wenn Sie wollen. Das ist besonders angenehm, wenn man sich mal einsam fühlt. Allerdings kostet es nicht nur etwas Überwindung, sondern auch Geld. Es handelt sich um Prostituierte, die es auf dem Dorf nicht gibt – zumindest nicht so offensichtlich wie in der Stadt. Wo sollten die in Hüffelsheim auch stehen? Wir haben ja keinen Bürgersteig. Wir haben lediglich die weiße Fahrbahnmarkierung – obwohl, jetzt geht mir ein Licht auf: *Daher* kommt der Satz «Auf den Strich gehen»!

Wer auf dem Land die Dienste einer Prostituierten in Anspruch nehmen möchte, der muss zu einer Land- bzw. Bundesstraße oder einer Autobahnraststätte fahren. Dort stehen oft Wohnwagen, in denen die Prostituierten ihrer Arbeit nachgehen. Auch wenn die räumliche Nähe das vermuten lässt: Nein, Ihren Sanifair-Bon können Sie bei ihr im Wohnwagen nicht einlösen. Mein Onkel Erwin wurde mal von meiner Mutter als «großer Freund des Campings» tituliert, weil er sich eine Zeitlang ständig neue Wohnwagen angeschaut hat. Interessanterweise standen die immer auf dem Parkplatz einer Autobahnraststätte.

In der Stadt muss man meist keine weiten Wege zurücklegen, um auf Prostituierte zu treffen, häufig gibt es bestimme Straßenzüge oder Bezirke, in denen man schnell fündig wird. Suchen Sie diese Orte ruhig auf, um Ihr mangelndes Selbstbewusstsein etwas aufzupolieren: Denn die Damen machen dort immer den ersten Schritt, werden Sie mit Komplimenten umgarnen und wollen nur das eine, und das sofort.

Bei meiner ersten Begegnung mit einer Prostituierten wusste ich gar nicht, wer diese Frau ist und was sie von mir wollte. Ich war hoffnungslos naiv und sagte höflich, weil sie nicht mein Typ war: «Es tut mir leid. Aber Sie finden schon den Richtigen.» Und tatsächlich! Meine Vorhersage bewahrheitete sich bereits fünf Minuten später.

Es gibt eine weitere Gruppe, die von sich aus auf Sie zugehen wird und meist nur das eine will, in diesem Fall: Ihr Geld. Die Mitglieder dieser Gruppe sind in der Regel gleich angezogen, oft angetrunken und treiben sich in der Nähe von Bahnhöfen rum. Nein, keine Punks. Es sind die Teilnehmer eines Junggesellenabschieds; quasi Punks ohne Hunde.

WISSEN: Junggesellenabschied

0,7 Prozent der Menschheit sind ständig betrunken. Da sieht man mal, wie viele Junggesellenabschiede es auf der Welt gibt. Ursprünglich kommt der Junggesellenabschied aus Griechenland. In Deutschland musste der Bräutigam früher einen Holzklotz schleppen, der am Bein befestigt wurde und die Lasten der Ehe symbolisieren sollte.

Als ich das meiner Mutter erzählte, sagte sie: «Da würde dein Vater heute den kompletten Regenwald hinter sich herziehen!»

Das Skurrile daran ist, dass diese Menschen ebenfalls aus ländlichen Regionen kommen. Aber anstatt zu ihnen zu gehen und zu sagen: «Ich bin einer von euch!», würde ich Ihnen raten: Nix wie weg! In einer Disco kamen mal die Teilnehmerinnen eines solchen Junggesellenabschieds auf mich zu: gleiches Shirt, gleicher Promillewert von ca. 3,0. Sie brüllten im Chor: «Wir sind ein Junggesellenabschied!» – «Ach. Das hätte ich gar nicht gedacht! Ich dachte, ihr wärt sensible Stadtbibliothekarinnen, die über das Leben philosophieren und dabei Texte von Rilke rezitieren!»

Ganz schlimm war Birgit, die Trauzeugin. Vor Gericht ist ein Zeuge ja nichts wert, der bei der Beobachtung eines Verbrechens alkoholisiert war. Insofern war Birgit schon mal keine gute Zeugin. Ob man diese Ehe dann als Verbrechen bezeichnen kann, sei allerdings dahingestellt.

Birgit hatte auf jeden Fall das, was unser Stürmer Siggi bei der SG Hüffelsheim regelmäßig hat: Torschusspanik. Sie lallte mir ins Ohr: «Ich schenke dir einen Gutschein für eine Nacht mit mir!» Ich antwortete etwas verängstigt: «Das ist aber nett! Kann man ihn auch in einer anderen Filiale einlösen?»

Schließlich wurde der Gutschein an den DJ weitergegeben, der anscheinend mehr Lust hatte als ich, ihn einzulösen.

Ein Junggesellenabschied ist meiner Meinung nach sowieso nur dann lustig, wenn man selbst auch ein paar Bier getrunken hat. Und in der Ehe läuft das dann so weiter: Mit Alkohol geht alles ein wenig leichter.

Sollten Sie selbst einen Junggesellenabschied organisieren, ist es wichtig, dass die Aktionen zu der Art und Weise, wie Junggesellenabschiede normalerweise begangen werden, passen. Als mein Kumpel Martin seinen Junggesellenabschied feierte, hat sein Trauzeuge, weil Martin ein großer Opern-Fan ist, einen Besuch in der Oper gebucht. Da saßen also zwölf Männer mit T-Shirts, auf denen «Martins letzte Baggertour!» stand, im Parkett auf den besten Plätzen. Ich fragte die ältere Dame im pikfeinen Abendkleid neben mir: «Was wird denn heute gespielt?» Mit Blick auf unser Outfit sagte sie: «Anscheinend *Les Miserables*!»

In der Pause ging Martin dann mit seinem Bauchladen rum. Die Dame im Abendkleid kaufte ihm sofort vier «Kleine Feiglinge» ab. Die brauchte sie dringend, um uns ertragen zu können.

Danach ging es in ein Strip-Lokal, in dem Martins Opernglas erneut zum Einsatz kam. So konnten wir doch noch einen klassischen Junggesellenabschied feiern, und der Bräutigam kam traditionsgemäß mit zwei Promille zur Trauung, obwohl die erst fünf Tage später stattfand.

Neben Prostituierten und Teilnehmern eines Junggesellenabschiedes gibt es noch eine dritte Spezies, der Sie bevorzugt nachts in der Stadt begegnen können: die Rosenverkäufer. Der Rosenverkäufer wird oft auch als «Rosen-Inder» bezeichnet, kommt aber eigentlich meist aus Pakistan. Doch das scheint niemanden zu interessieren.

Anzutreffen ist der Rosenverkäufer in erster Linie in Restaurants – besser gesagt, trifft er Sie dort an, wenn Sie es sich mit Ihrem Partner gemütlich gemacht haben. Er hält Ihnen den Strauß Rosen recht emotionslos mit der Frage «Wolle rote Rose kaufe?» unter die Nase und erwartet eine Reaktion. Bemerkungen wie «Wir hatten als Vorspeise eigentlich Stiefmütterchen bestellt!», lassen ihn im Allgemeinen kalt. Selbst das bedauernde «Es tut mir leid, ich habe auch keine Vase!» meiner Mutter hatte keinen Einfluss auf seinen Gesichtsausdruck.

Wenn Sie jetzt neugierig geworden sind: Es gibt inzwischen die Möglichkeit, beim Rosen-Inder ein Praktikum zu absolvieren und im Rahmen dessen sogar ins Ausland zu gehen. Dieses Austauschprogramm erfreut sich großer Beliebtheit. So werden im Zuge der Globalisierung des Arbeitsmarkts vielleicht auch bald die ersten Deutschen durch die Straßen Islamabads ziehen, die Kneipen besuchen und fragen: «Du wolle Sauerkraut kaufe?» Und irgendwo im tiefsten Pakistan antwortet eine Mutter: «Es tut mir leid, wir haben auch keinen Topf!»

Natürlich gibt es in den Städten viele Menschen, denen es schlechtgeht und die sich ihren Lebensunterhalt erbetteln müssen. Die im wahrsten Sinne des Wortes auf der Straße sitzen und immer wieder sagen: «Bitte geben Sie mir eine kleine Spende!» Ich habe mit solchen Menschen immer Mitleid und möchte am liebsten jedem von ihnen etwas geben. Das tat ich am Anfang auch, mit dem Ergebnis, dass ich einen Anruf von meinem Kundenberater bei der Bank bekam: «Herr Jung, wir müssen über Ihren Dispo sprechen …» Diesmal bat ich: «Bitte geben Sie mir doch eine kleine Spende!»

Mein Tipp deshalb: Geben Sie, aber haben Sie auch kein schlechtes Gewissen, wenn Sie mal an einer armen Frau vorbeigehen. Das dürfen Sie. Mein Vater macht das regelmäßig. Nur sagt meine Mutter dann immer: «Bleib gefälligst stehen und gib mir was!»

In der Stadt liegen die Extreme dicht beieinander, insofern treffen oder sehen Sie dort auch Menschen, die gar nicht vom Betteln weiter entfernt sein könnten: die Promis! Bei uns in

Hüffelsheim sitzt Anke Engelke ja eher selten im «Goldenen Ochsen», und Lukas Podolski trifft man auch nicht beim Einkaufen im Tante-Emma-Laden. In der Stadt wäre das aber durchaus möglich. Wenn Sie einem Prominenten begegnen, gibt es zwei Verhaltensstrategien. Die eine verfolgt meine Mutter: Sie glotzt ihn die ganze Zeit an, geht dann hin und bombardiert ihn mit Fragen. Die andere wird von meinem Vater und mir vertreten: Man lässt dem Menschen sein Privatleben. Peinlich wird's, wenn diese unterschiedlichen Herangehensweisen öffentlich diskutiert werden. Vor einiger Zeit erblickte meine Mutter in einem Café eine Dame aus der Comedy-Szene und wollte unbedingt, dass mein Vater hingeht und ein Foto von ihr macht. Mein Vater weigerte sich aber, und so kam es zu einem sehr auffälligen und peinlichen Gezanke, das sich über eine halbe Stunde erstreckte. Meine Mutter fing an: «Das ist die!» Mein Vater konterte: «Nee, das ist die nit, guck mal, die raucht ja! Ich hab die im Fernsehen noch nie rauchen sehen!» – «Das ist die trotzdem!» – «Aber die raucht nit!» – «Vielleicht raucht sie ja nur privat!» – «Ach was!» – «Wie, ach was?» – «Ach was, die raucht doch nit!» – «Woher weischt du das denn? – «Ich weiß es halt!» – «Ach?» – «Ach!» – «Ach?» – «Ja, ach!» Das Ende der Geschichte war, dass die Comedy-Dame ein Foto von meinen Eltern machte und es online stellte. Seitdem sind meine Eltern auch bei *Facebook* – wenn auch nicht mit eigenem Account.

WISSEN: It-Girl

Ein It-Girl ist eine besondere, sehr prominente und meist junge Frau. Sie zeichnet sich durch eine hohe Medienpräsenz aus und dadurch, dass keiner so recht weiß, warum gerade sie in den Medien ist. Ich kannte den Namen It-Girl überhaupt nicht, bevor ich in die Stadt zog. Ich kannte nur «He-Man». Die «Masters of the Universe» haben aber nichts mit dem It-Girl zu tun, auch wenn viele so dünn sind wie «Skeletor».

Als erstes It-Girl, als Frau mit dem gewissen Etwas, mit Sex-Appeal und Ausstrahlung, wurde 1972 Clara Blow aus den USA bezeichnet. Sie spielte damals die Hauptrolle in dem Stummfilm It. *Wenn ich an die heutigen It-Girls wie Paris Hilton oder Daniela Katzenberger denke, wünsche ich mir oft den Stummfilm zurück.*

Sie können nicht nur Prominente aus der Unterhaltungsbranche oder aus der Welt des Sports in der Stadt treffen, sondern auch – gerade in Berlin – den einen oder anderen Politiker. Das ist für uns Landeier zunächst nichts Ungewöhnliches, schließlich treffen wir unseren Bürgermeister auch fast täglich auf der Straße, können mit ihm über unsere Sorgen und Nöte reden und mit ihm sogar einen trinken gehen.

Man traut unserem Dorf zunächst gar nicht zu, über einen eigenen Bürgermeister zu verfügen, aber so rückständig und mittelalterlich sind wir Hüffelsheimer auch wieder nicht. Unser Bürgermeister wird wirklich alle fünf Jahre demokratisch gewählt. Erst dann wird der alte verbrannt.

Bei der letzten Wahl wurde der Bürgermeisterkandidat von einem Journalisten von außerhalb massiv kritisiert. Er hätte bei jedem öffentlichen Auftritt im Ort wirklich jeden Hüffelsheimer umarmt, an sich gedrückt und zum Essen zu sich nach Hause eingeladen. Das könne man doch nicht mehr Wahlkampf nennen.

War es ja auch nicht. Sondern Verwandtschaft. Nebenbei bemerkt kann man bei der Größe unseres Dorfs wohl kaum von «öffentlichen» Auftritten sprechen.

Durch diese Bürgernähe haben viele Dörfler auch in der Stadt keine Scheu, Politiker anzusprechen. Doch sie verkennen, dass man mit den Politikern auf Bundesebene etwas anders umgehen sollte. Onkel Erwin kümmerte sich aber nicht darum und ging sofort auf Sigmar Gabriel zu, als er ihn in Berlin sah: «Die Kastanienbäume auf dem Kuckucksplatz in Hüffelsheim müssen unbedingt erhalten werden.» Dagegen verblassen natürlich Themen wie Terrorgefahr, Atomausstieg oder Afghanistan. Herr Gabriel antwortete sehr höflich, lehnte allerdings den Jägermeister von Onkel Erwin ab.

Jetzt sind Sie mit einigen wichtigen Menschentypen vertraut, die Ihnen in der Stadt begegnen können. Natürlich werden wir auch noch in den kommenden Kapiteln immer wieder auf verschiedene Charaktere zu sprechen kommen. Doch jetzt gehen wir erst mal zu den Institutionen. Ist die Polizei auf dem Land genauso drauf wie in der Stadt? Nehmen die Landärzte Skalpell oder noch Sichel? Gibt es eine Stadtbücherei, in der mehr Bücher stehen als das eine Buch in der Dorfbücherei mit dem Titel *Was Sie beim Ausleihen beachten sollten*? Wir schauen mal, also, auf geht's!

Hier ist was los!

Hier eher nicht.

6. KAPITEL: Institutionen, Polizei und Ärzte

Die erste Institution bzw. Einrichtung, mit der Sie in der Stadt konfrontiert werden, ist aller Wahrscheinlichkeit nach Ihr Hotel, das Sie für ein paar Nächte gebucht haben. Allein dessen Name – «Hyatt», «Radisson» oder «Arcotel» – ist für uns Menschen vom Land gewöhnungsbedürftig; in Hotels ohne Tiernamen fühlen wir uns erst einmal fremd.

Wenn ich allerdings ehrlich bin, kann der «Goldene Ochs» in Hüffelsheim – der ist nämlich nicht nur eine Gaststätte – gar nicht mehr wirklich als Hotel mit Tiernamen gelten, da einige Buchstaben der Leuchtschrift an der Außenwand des Gebäudes nicht mehr funktionstüchtig sind. So liest man in der Nacht anstatt «Hotel Goldener Ochs» lediglich «HOT GOL O»! Das hört sich eher wie ein Puff an. Doch wie sagt unser Wirt Heinz, wenn wir ihn darauf aufmerksam machen? «Die Buchstaben sind bestellt!» Insgeheim stell ich mir dann immer vor, wie er zu einem etwas dubiosen Mann im Trenchcoat geht und sagt: «Ich würde gerne ein E kaufen!»

Ein städtisches Hotel ist natürlich vor allem aufgrund seiner Größe und der Anzahl der Zimmer nicht mit einem Landgasthof in dörflicher Idylle zu vergleichen. Doch seien Sie unbesorgt, wenn Sie sich gar nicht zurechtfinden oder gar befürchten, sich zu verlaufen: Lassen Sie sich an der Rezeption einfach ein Babyphone mitgeben. Sollten Sie dann auf dem Weg zu Ihrem Zimmer in Tränen ausbrechen, eilt umgehend der Rezeptionist herbei, legt tröstend seinen Arm um Sie und bringt Sie ins Bett.

Meine Mutter hatte einmal Probleme mit ihrem Zimmerschlüssel bzw. mit der Chipkarte, die in modernen Hotels den Fünf-Kilo-Schlüssel mit Ankeranhang abgelöst hat. Nach stundenlangem gegen die dafür vorgesehene Fläche Halten, bei dem nichts passierte und das rote Lämpchen einfach nicht auf Grün springen wollte, schob sie kurzentschlossen die Karte unter der Tür durch – schließlich habe das mit dem Badezimmerschlüssel zu Hause auch immer funktioniert, wenn ich mich mal wieder eingesperrt hatte, erklärte sie mir später. Gespannt wartete sie, wer ihr jetzt wohl öffnen würde. Am Ende – welch Überraschung – natürlich der Rezeptionist, wenn auch nicht von innen.

Wahrscheinlich war der kurz davor, meine Mutter zum Arzt zu schicken, um sie mal durchchecken zu lassen. Immerhin hätte ihr hier in der Stadt eine große Anzahl von Ärzten zur Verfügung gestanden. Bei uns in Hüffelsheim gibt es ja nur einen Arzt, und der hält auch nur zweimal in der Woche, immer Montag- und Donnerstagnachmittag, eine kurze Sprechstunde im Gemeindehaus ab. Wenn man Freitagfrüh Durchfall bekommt, hat man also im wahrsten Sinne des Wortes die Arschkarte gezogen.

Wenn Sie einen Arzt in der Stadt besuchen, werden Sie hingegen selbst als Kassenpatient mit einem Luxus konfrontiert, der Ihnen gänzlich unbekannt sein wird, u.a. liegt im Wartezimmer eine große Anzahl von Zeitschriften zum Lesen bereit – aus diesem Jahrzehnt!

Überhaupt unterscheiden sich die Praxen in der Stadt und auf dem Land doch sehr, allein schon, was die Ausstattung angeht. In der Praxis meines Arztes in Köln lief zum Beispiel immer moderne House-Musik – bei einem Hausarzt ja auch irgendwie passend. Und das Wartezimmer hieß auch nicht Wartezimmer, sondern trug den schönen Namen «Loungebereich». Stylische Möbel standen hier anstelle der abgewetzten und Rückenprobleme erst verursachenden Holzstühle bei unserem Landarzt, es gab neben der guten Zeitschriftenauswahl Wasser, Tee und Kaffee umsonst, sodass ich gelegentlich Mitwartende, die nach mir einen Termin hatten, großzügig vorließ.

WISSEN: Lounge

Normalerweise ist eine Lounge ein exklusiver Warteraum für Reisende, der häufig an Flughäfen und an Bahnhöfen zu finden ist. Bedauerlicherweise nur an Hauptbahnhöfen; wenn wir in Hüffelsheim zwei Stunden vor einer geschlossenen Bahnschranke warten müssen, hätte ich auch gerne eine Lounge. Stattdessen heißt es lediglich «Bitte Motor aus!» und warten.

Mittlerweile wird der Begriff Lounge auch für großstädtische Bars benutzt, in denen eine stylische, aber entspannte Atmosphäre herrscht, die durch coole Sofas und bequeme Sessel befördert wird. Ich war mal mit meinen Eltern in einer solchen Lounge. Die Bedienung begrüßte uns mit den Worten: «Fühlt euch ganz wie zu Hause!» Wir haben das wohl etwas zu wörtlich genommen: Meine Mutter ist direkt Richtung Küche, ich hab mich vor den Fernseher gehauen, und mein Vater setzte sich erst gar nicht, sondern sagte: «Dann geh ich mal in die Kneipe!»

Wenn es in der Stadt brennt, können Sie sich entspannen, denn hier arbeitet die Berufsfeuerwehr oder auch die Freiwillige Feuerwehr rund um die Uhr. Die Freiwilligen Feuerwehren auf den Dörfern können einen solch flächendeckenden Notdienst natürlich nicht leisten, geben sich aber große Mühe. Auf der Website der Freiwilligen Feuerwehr Perlach stehen sogar Öffnungszeiten. «Mo–So, nach Vereinbarung!» Da können Sie dann einfach einen Termin ausmachen, wann Ihnen die Löschung Ihres Brands recht wäre, und zur Not sprechen Sie einfach auf den Anrufbeantworter. Wenn Sie sich und Ihr Telefon vor dem Feuer retten konnten, werden Sie bestimmt direkt zurückgerufen. Doch Spaß beiseite, die Freiwillige Feuerwehr verdient großen Respekt für ihre Leistungen, sie sorgt für die Sicherheit beim Sankt-Martin-Umzug, stellt den Maibaum auf, und befindet sich auf dem Baum noch eine Katze, wird sie fachmännisch heruntergeholt.

Als unsere Nachbarskatze eines Tages partout auf dem Maibaum sitzen bleiben wollte, brüllte der Nachbar seiner Frau zu: «Ida, hol die Feuerwehr!» Mein sensibler Vater hatte einen besseren Vorschlag: «Ach was, wir werfen einfach deinen Hund hoch!» Letztlich rückte dann doch die Feuerwehr an, gefolgt von der Polizei – die freut sich auf dem Land über jeden Einsatz. Ansonsten erschöpft sich ihre Arbeit ja in erster Linie darin, Alkoholtests vor Dorfdiscos und auf Dorffesten durchzuführen. Bei einer solchen Gelegenheit wurden mein Kumpel Martin und ich einmal von zwei Polizisten angehalten, weil ich zu schnell gefahren war. Als Begründung sagte ich: «Martin und ich wollten schnell nach Hause. Nach vier Bier muss ich dringend aufs Klo!» Dieser Witz kam nicht sonderlich gut bei den Beamten an, und ich verabschiedete mich schon insgeheim von meinem Führerschein, bis einer der beiden stutzte, mich genauer anschaute und sagte: «Dich kenn ich doch! Dein Onkel ist doch de Maurer Erwin aus Hüffelsheim!» Und dann ging's so richtig los: «De Maurer Erwin, das gibt's ja gar nicht. De Erwin und ich, wir waren ja früher zusammen im Kegelclub. Nee, was war das schön! Dann hatte ich das mit der Schulter … konnte nicht mehr Kegeln gehen … bin auch operiert worden … zwanzig Tage Krankenhaus … aber das gibt's ja nicht, de Neffe von Maurer Erwin! Jaja, de Erwin, der war auch immer flott unterwegs. Das haste von ihm! Bitte grüß ihn mal ganz lieb von Heini, nee, was waren das damals schöne Zeiten.» Ich wagte zu fragen: «Und mein Führerschein …?» Er zwinkerte mir zu: «Ach, wir waren ja auch mal jung, pass in Zukunft einfach ein bisschen besser auf! Und grüß mir den Erwin, ja?»

Mit einer solchen Großzügigkeit können Sie in der Stadt natürlich nicht rechnen, und auch die Ich-komm-doch-aber-vom-Land-Mitleidskarte hilft es oftmals nicht auszuspielen. Das mögen Sie bedauern, letztlich dient die strikte Kontrolle aber Ihrer eigenen Sicherheit. Stellen Sie sich vor, mein Kumpel Martin und ich wären Terroristen, und am Flughafen sagte der Polizist: «Dich kenn ich doch! Dein Onkel ist doch de Maurer Erwin, de Erwin und ich, wir waren früher zusammen im Kegelclub. Nee, was war das schön damals! Was hast du denn da im Koffer? Eine Bombe? Ach, wir waren ja auch mal jung, pass in Zukunft einfach ein bisschen besser auf. Guten Flug!»

Die Polizeipräsenz in Städten ist besonders bei Fußballspielen oder bei Demonstrationen beeindruckend.

WISSEN: Demo

Eine Demonstration ist eine Versammlung mehrerer Personen zum Zwecke der Meinungsäußerung. Diese Versammlung findet meist in der Öffentlichkeit statt. Eine der größten Demonstrationen des 20. Jahrhunderts formierte sich am 15. 10. 1969: 250 000 Menschen demonstrierten in Washington gegen den Vietnamkrieg.

Wir Hüffelsheimer haben auch mal in unserer Kreisstadt Bad Kreuznach wegen der mangelnden Infrastruktur demonstriert. Die Demonstration dauerte zwei Tage. Allerdings unbeabsichtigt – abends fuhr halt kein Bus nach Hause.

TOP 3 **An welchen Demos würde meine Mutter nie teilnehmen?**

1. Schweigemarsch – die Qual wäre zu groß für sie.
2. Hungerstreik – sie würde Nudelsalat mitbringen.
3. Menschenkette – ohne Navi würde sie ihren Platz darin nicht finden.

Gerade meine Mutter wird immer ganz nervös, wenn in der Stadt plötzlich drei Polizeiautos, zwei Krankenwagen und die Feuerwehr an ihr vorbeifahren. Besorgt fragt sie: «Da wird doch wohl nichts passiert sein?» Nein, mit Sicherheit nicht, die machen nur einen Betriebsausflug, Mutti! Solche Großeinsätze sind in Städten recht häufig und mit der Zeit nichts Besonderes mehr. Für meine Mutter schon – die fragt mich heute noch am Telefon: «Weiß man jetzt, was da damals vor drei Monaten passiert ist?»

Natürlich werden Sie bei einem Besuch oder bei einem längeren Verbleib in der Stadt auch mal die Post nutzen. Während die Postfiliale auf dem Land vom Aussterben bedroht ist, gibt es in den Städten seit neuestem sogar Packstationen, die 24 Stunden am Tag geöffnet sind.

WISSEN: Packstation

Die Packstation der Deutschen Post AG ist ein Ort, an dem die Menschen rund um die Uhr bestimmte Sendungen abholen sowie selbst einliefern können. Der normale Paketversand ist dort allerdings eingeschränkt, denn große Pakete passen nicht ins Fach. Diese Erfahrung musste mein Kumpel Martin mit einem lebensgroßen Aufsteller von David Hasselhoff machen, den er bei eBay ersteigert hatte. Offensichtlich hatte der Verkäufer eine Packstation benutzt und David Hasselhoff so brutal zusammengefaltet, dass er beim Ausklappen an den realen David Hasselhoff erinnerte, der einen über den Durst getrunken hat. Trotzdem: Praktisch ist und bleibt die Packstation, weil man nicht auf irgendwelche Öffnungszeiten angewiesen ist und auch Samstagnacht noch das vergessene Geburtstagspäckchen für Mutti verschicken kann.

Wenn Sie allerdings nur innerhalb der Stadt etwas versenden wollen und es sich dabei nicht um ein vierzigteiliges Geschirr-Service zur Hochzeit einer Freundin handelt, ist der Fahrradkurier das Mittel der Wahl. Ich habe mal versucht, mir als solcher ein Zubrot zu verdienen, musste aber schnell aufgeben: Mangelnde Ortskenntnis und mangelnde Fitness gehören nicht gerade zu den förderlichen Eigenschaften, wenn man es als Kurier zu etwas bringen will. Einmal gab mir eine Modeagentur eine Foto-CD mit, die ich für den neuen Katalog in eine Druckerei bringen sollte. Bis ich dort ankam, musste aus der Winterkollektion per Retusche schnell eine Sommerkollektion gemacht werden. Nein, das Fahrrad und ich teilen keine gemeinsame Erfolgsgeschichte. Letztens hat sogar eine Mutter mit Kinderwagen hinter mir gedrängelt, weil ich so langsam fuhr. Und als ich neulich versehentlich eine Oma touchierte, brüllte mich ihr Mann an: «He! Sie haben gerade meine Frau angefahren!» Woraufhin die nur trocken sagte: «Herbert, der junge Mann ist noch dabei …»

Meinen während einer Tour in den Hunsrück aufgestellten Rekord will ich allerdings nicht unerwähnt lassen: Erst nach drei Stunden hielt ich an, um eine Pause zu machen! Da haben wir die Fahrräder dann doch noch vom Autodach geholt.

Ärzte, Polizei, Feuerwehr, Post – jetzt kennen Sie sich schon in vielerlei Hinsicht in Sachen städtische Infrastruktur aus. Um Sie rundum fit zu machen, soll es nun um Banken gehen. In der Stadt gibt es an jeder Ecke Bankfilialen, Geldautomaten und Kontoauszugsdrucker. Das Schlimmste, was Ihnen als Städter in einer Bank passieren kann, ist ein Mensch vom Land, der am Kontoauszugsdrucker vor Ihnen steht. Da diese Drucker auf den Dörfern rar gesät sind und Kontoauszüge dementsprechend selten abgefragt werden, nimmt der Stapel der Ausdrucke ungefähr Bibelumfang an.

Der Umgang mit Kontoauszugsdrucker, Geldautomaten und Co will für denjenigen, der persönliche Betreuung durch die nette Bankangestellte aus der Kreisstadt gewohnt ist, auch erst mal gelernt sein. Kaum hat man es geschafft, die Bankkarte richtig herum in den dafür vorgesehenen Schlitz zu stecken (nebenbei: Es ist der kleine, aus dem großen kommt das Geld raus!), wird man in seiner Freude darüber schon wieder von der auf dem Bildschirm erscheinenden Aufforderung unterbrochen, seine PIN-Nummer einzugeben. Spätestens das ist der Moment, in dem meine Mutter immer ins Schwitzen gerät. Meist ruft sie dann: «Vater, wie geht noch mal meine PIN-Nummer?» Das ist natürlich nicht unbedenklich, weil mein Vater drei Meter entfernt am Eingang steht und sich ein reger Dialog über die Köpfe der Wartenden hinweg entspinnt: «Ach Mutter, jetzt merk dir die doch endlich: 3-9-4-0.» – «Wie? 2-9-4 ...?» – «Nein, DREI-9-4-0.» – «Ok, 3-9-4 ... und dann?»

Jetzt hat sie sich endlich die PIN aufgeschrieben, auf einen Zettel in Größe eines Bravo-Starschnitts, der sich gefaltet in ihrem Geldbeutel befindet.

Trotz einiger Anlaufschwierigkeiten werden Sie es aber schnell zu schätzen lernen, dass man in Städten jeder Zeit per Karte Geld holen oder auch Einkäufe per Karte bezahlen kann. Auf dem Land sind wir noch nicht vollständig in die Kreditkartenwelt eingetaucht, zumindest hat meines Wissens bisher keiner sein Paprikaschnitzel im «Goldenen Ochs» mit Master Card bezahlen wollen. Auf dem Land heißt «bargeldlos zahlen» immer noch «anschreiben lassen».

Ich möchte Sie auf besonderen Wunsch meines Vaters auch auf die Gefahren hinweisen, die durch das Zahlen mit Karte entstehen können: Die Hemmungen, Geld auszugeben, sinken, man verliert die Übersicht über die Kosten und gibt oft mehr Geld aus als geplant. Mein Vater hat damit einschlägige Erfahrungen gesammelt und macht seitdem einen großen Bogen um Schuhläden, Damen-Boutiquen und Friseure, wenn er mit meiner Mutter unterwegs ist.

Als Landei kann man sich ja gar nicht vorstellen, dass man bei einem Friseur viel Geld ausgeben kann. Bei uns heißt es immer: «Tante Gerda, hol mal die Küchenschere raus und schneid mal so, dass ich wieder gucken kann.» Sie erwiderte dann: «Du musst warten, Matthias. Es sind noch vier Schafe vor dir dran!»

Und wir bekamen auch alle die gleiche Frisur. In den modernen Friseurtempeln der Stadt sind der Haar- und Kopfbehandlung jedoch keine Grenzen gesetzt: Waschen, Schneiden, Legen, Massieren, Föhnen, Färben, Strähnen, Kuren, Hochstecken, Dauerwellen, und man kann sich die Haare sogar verlängern lassen! Als mir eine Dame mal gestand: «Ich habe mir eine Echthaarverlängerung machen lassen!», fiel mir mit einem Blick auf ihren Kopf nichts Besseres ein, als zu fragen: «Steht dem Pudel seine neue Kurzhaarfrisur?»

TOP 3 **Die verrücktesten Namen für Friseurläden in der Stadt**

1. Kamm in
2. Open Hair
3. Vierhaareszeiten

In den Städten haben Sie die Möglichkeit, von Montag bis Samstag einen Friseur zu besuchen. Dort wurde der Ruhetag ebenso wie in vielen anderen Geschäften und Restaurants abgeschafft. Auf dem Land ist er geblieben, wobei dies schon etwas widersprüchlich ist, denn das Letzte, was wir auf dem Land brauchen können, ist Ruhe!

Kommen wir von den angenehmen zu einer eher unangenehmen Einrichtung, die sich aufgrund des wachsenden Andrangs der letzten Jahre wohl auch keinen «Ruhetag» erlauben kann. Auch Sie könnten es im Laufe Ihres Stadtlebens einmal mit dieser Institution zu tun bekommen: dem Arbeitsamt, das jetzt Arbeitsagentur heißt. Ich wünsche Ihnen natürlich, dass es Ihnen erspart bleibt, diesen Ort aufsuchen zu müssen, aber für den Fall der Fälle will ich Ihnen von meinen Erlebnissen berichten. Eigentlich habe ich nur positive Erfahrungen mit dem Arbeitsamt gesammelt. Vor ein paar Jahren musste ich ziemlich regelmäßig dahin, und meine Besuche dort wurden mir von meiner sympathischen Fall-Managerin Frau Hammer netterweise als Praktikum angerechnet. Meine Bewerbungen hatten zu diesem Zeitpunkt einen so schlechten Ruf, dass ich sogar Initiativabsagen bekommen habe. Auch für meine Bewerbungsgespräche wurde ich von Frau Hammer mit guten Tipps und Tricks versorgt, etwa, dass Lücken im Lebenslauf oder kleinere Schummeleien durchaus in Ordnung sind, wenn man die Frage nach dem Geburtsort mit «Hüffelsheim» beantworten müsste. Frau Hammers Unterstützung war Gold wert – meine Mutter hatte bei den Personalern immer so einen Mist erzählt.

Bevor ich mich für die Bundeswehr entschied, nahm ich sie zum Beispiel zu einem Vorstellungsgespräch im Altenheim mit, das wirklich sehr gut lief. Schließlich sagte der Chef: «Sie können bleiben!» Das wäre meinem Vater aber wohl nicht ganz recht gewesen, denn ohne meine Mutter ist er ziemlich aufgeschmissen.

Danach hatte ich meine Mutter dann nicht mehr so oft dabei, obwohl ihr Nudelsalat bei den Chefs immer gut angekommen war.

Vom Öffentlichen geht's nun zum Privaten, denn auch hier sind feine Unterschiede zwischen Stadt und Land zu verzeichnen. Werfen wir also einen Blick hinter die Gardinen und in die Wohnzimmer, widmen wir uns der Familie! Und da schauen wir vor allem auf die Kinder.

Wow, so viele Spuren!

Zwei Spuren – ist doch
auch nicht schlecht, oder?

7. KAPITEL: Kinder

Vor kurzem bin ich vor den Augen eines Kindes bei Rot über die Straße gelaufen. Bitte werfen Sie das Buch nicht weg. Ich weiß, das macht man nicht. Ich tue so etwas normalerweise auch nicht. Aber das Kind sah mich an, verzog das Gesicht und sagte: «Hau ab, oder ich mach dich platt!» Die Mutter, die neben dem Jungen stand, riet mir etwas hilflos: «Also, ich würde auf ihn hören!»

Ein paar Tage zuvor hatten mir ein paar Jugendliche meine Einkaufstüte aus der Hand gerissen und waren damit weggelaufen. Zwei von ihnen blieben allerdings nach kurzer Zeit stehen. Die hatten aber kein schlechtes Gewissen, wie ich zunächst vermutete. Nein, die beiden konnten nicht mehr. Sie waren zu dick.

Nach diesen Ereignissen wurde mir zum ersten Mal bewusst, wie sehr sich eine Landkindheit von der in der Stadt unterscheidet. Kinder vom Land kommen täglich mit der Natur in Berührung, sind viel an der frischen Luft, ständig in Bewegung und wachsen behütet und vor den Gefahren der Großstadt geschützt auf. Ich persönlich habe als Kind vor allem das tägliche Draußenspielen genossen. Da wurde ein Volleyballnetz aufgebaut, und los ging's. Und wenn ein Auto die Hauptstraße entlangfuhr, musste der Fahrer eben anhalten und zugucken – oder er spielte einfach eine Runde mit. Wir Dörfler sind da einfach etwas entspannter.

In den Städten gibt es hingegen nur wenige Möglichkeiten, einfach draußen zu spielen; Schilder mit «Hier ist das Ballspielen untersagt» hängen an jedem zweiten Haus, und hinter selbstgeklöppelten Wohnzimmergardinen wird die Einhaltung dieses

Verbots strengstens überwacht. Also kutschiert man die Kinder zu eingezäunten, meist zubetonierten Spielplätzen, auf denen die einzige Schaukel an nur noch einer Kette baumelt, der Sandkasten hundekotbesudelt und die graffitibesprühte Rutsche mit Glassplittern übersät ist, die trinkende Jugendliche am Vorabend dort hinterlassen haben. Als Alternative greifen Stadteltern gerne auf sogenannte Indoorspielplätze zurück, die Hölle in Hallenform: laut, bunt, überfüllt, und die Kinder rennen wie Mäuse im Käfig hospitalistisch auf und ab. Bei schlechtem Wetter dennoch zu empfehlen.

Wegen der wenigen Spielmöglichkeiten und weil man die Kinder schließlich nicht ständig um sich haben will, ersinnen Stadteltern einen rigide durchgeplanten Terminkalender für ihre Sprösslinge: 13 Uhr Flötenunterricht, 15.30 Uhr Fußballtraining, und um 17 Uhr geht es direkt zum Ballett. Neulich sagte mein Nachbarskind zu mir, als ich am Sandkasten vorbeiging, wo es mit dem Bagger spielte: «Ich hab heute mal frei!»

Schnell stellte ich fest, dass viele Stadteltern in weit größerem Maß als Landeltern den Drang haben, die Entwicklung des Kindes und sein Verhalten nicht nur zu fördern, sondern es auch ständig zu kontrollieren. Wenn ihr Kind gelangweilt in der Ecke sitzt, wälzen sie direkt sämtliche Pädagogikbücher und Erziehungsratgeber im Umkreis von fünf Kilometern, fragen Kinderpsychologen und recherchieren im Internet – ist das Kind vielleicht hochbegabt? Oder doch eher sozial gestört? Eingeschränkt in der Kommunikation? Will es Beamter werden? Hat es ein mangelndes Ichbewusstsein? Oder eine niedrige Frustrationstoleranz? Nein! Es sitzt einfach nur gelangweilt in der Ecke! Und denkt wahrscheinlich: «Scheiße, gleich muss ich wieder zum Ballett!»

Meinen Eltern wären solche Gedankengänge nie in den Sinn gekommen, die haben mich sehr schnell arbeiten geschickt. Schon mit elf Jahren habe ich in unserem Dorf Zeitungen ausgetragen. In unserer Familie stellt sich nicht die Frage «Beruf oder Familie?», dort gilt der Grundsatz: «Beruf FÜR Familie!» Da war keine Zeit für eine pädagogisch wertvolle Erziehung. «Tür auf, Kind raus, komm pünktlich zum Essen nach Hause», hieß die Devise im ganzen Dorf. Im Prinzip dieselbe Taktik, die mein Vater beim Frühschoppen verfolgt: einfach mal laufen lassen. Geschadet hat das mir und meinen Freunden nicht.

Meine Eltern wollten natürlich auch für meine Zukunft nur das Beste. Sie betonten immer: «Lern was Anständiges, Junge. Geh zur Bank!» Stadteltern übertreiben es in dieser Hinsicht etwas: Die Karriere des Kindes immer fest im Blick, legen sie größten Wert auf deren Umgang. Lieber laden sie die kleine Elisabeth von Anwalt Mertens zum Kindergeburtstag ein als den Kalle aus dem Nachbarhaus, dessen Eltern von Hartz IV leben, auch wenn das Kind mit dem viel mehr Spaß hat. Denn er besitzt ein nagelneues Zimmer und viel mehr Spielsachen als man selbst, dem Sozialstaat sei Dank.

Ich für meinen Teil konnte immer frei entscheiden, wen ich zu meinen Geburtstagen einlud. Als ich fünf wurde, sollte unbedingt meine Kindergärtnerin Sabine dabei sein, in die ich unsterblich verliebt war. Sie ist tatsächlich meiner Einladung gefolgt, was sie allerdings in eine etwas unangenehme Situation brachte. Ich hätte vielleicht auch ein paar Kinder einladen sollen. Der Altersunterschied zwischen uns war letztlich wohl doch zu groß. Was hatte ich ihr schon zu bieten? Die Spritztour mit meinem Bobbycar, zu der ich sie einlud, klingt inzwischen auch in meinen Ohren nicht wirklich verlockend.

An meinen folgenden Geburtstagen haben wir Kinder immer schöne Spiele gespielt wie «Verstecken», «Fangen» und «Mohrenkopf-Wettessen», was sicherlich heutzutage in gut aufgeklärten Stadtfamilien zu wilden Diskussionen führen würde, da Letzteres allein schon wegen der rassistischen Namensgebung niemals gespielt werden würde. Als ich das Schokokuss-Wettessen einmal auf dem Geburtstag der Nachbarstochter vorschlug, wurde es direkt abgelehnt. Schokoküsse machen zu dick, meinte sie. Ich akzeptierte ihre Entscheidung, war mir aber sicher, dass «Salat-mit-Putenbruststreifen-Wettessen» zu viel größerer Sauerei führen würde. Aber die Kinder halten da zusammen.

Die Clique hat sowohl in der Stadt als auch auf dem Land eine große Bedeutung. Hier gelten strikte Regeln, wie man zu sprechen hat, wie man sich kleidet, wie man sich verhält. Auf den ersten Blick also nichts anderes als im familiären Umfeld, nur dass dort nicht alles dem Coolness-Faktor unterworfen ist. In der Stadt ist dieser (über)lebenswichtig; transportiert wird er u.a. durch das, was man trägt. Während bei den Mädels eng und kurz angesagt ist, gilt bei den Jungs das genaue Gegenteil: weit und groß. Vom Stoff eines einzigen solchen T-Shirts könnten wir in Hüffelsheim die ganze Nachbarschaft einkleiden. Besonders beliebt sind weite, tief heruntergezogene Hosen, bei denen die Snoopy-Boxershort sichtbar wird. Wenn der so gekleidete Besitzer der Hose dann Sätze sagt wie: «Alter, ey, voll krasse Atmo hier, du schickst mich echt ganz schlecht drauf, ey!», erschließt sich auch, warum die Hose so weit unten hängt. Die will abhauen! Die will eine andere Atmo!

WISSEN: Jugendsprache
Jugendliche entwickeln je nach Herkunft und Alter eine eigene Sprache, um sich damit von den Erwachsenen abzugrenzen: Feuerzeuge werden «Taschendrachen» genannt, das Solarium «Münzmallorca», Diebstahl «Fünf-Finger-Rabatt».

Aber meist reden Jugendliche eh nicht viel, sondern spielen mit ihrem Handy rum, senden Kurznachrichten, laden sich Apps herunter oder gucken Videos. Manchmal habe ich den Eindruck, dass sie sich lieber SMS schreiben, als miteinander zu reden. Wahrscheinlich würden sie sogar einem Freund, der im Bus nur einen Sitzplatz weiter sitzt, eine SMS schicken: «Ich will ein Bier!» Und der schreibt dann tatsächlich zurück: «Da! Fang!» Und wirft die Bierflasche. Da kann man sich nur wünschen, dass die Nachricht rechtzeitig zugestellt worden ist.

Während früher jedes Telefon und jedes Handy nahezu gleich klangen, muss es für die Jugend von heute ein spezieller, individueller Klingelton sein. Wie individuell, habe ich neulich schmerzlich erfahren müssen, als ich in der U-Bahn die Durchsage hörte: «Nächste Haltestelle: Hauptbahnhof! Nächste Haltestelle: Hauptbahnhof!» Ich sprang schnell auf und stieg aus – weit und breit kein Hauptbahnhof in Sicht. Ich hatte einfach nur den Klingelton eines Jugendlichen gehört, der hinter mir saß. Als die U-Bahn losfuhr, ohne mich natürlich, sah ich, wie der sich kaputtlachte.

Glücklicherweise konnte ich mich zwei Stunden später im Bus rächen, als ich den Jugendlichen wiedertraf. Ich setzte mich hinter ihn, schon ging mein Handy los und brüllte mit energischem Ton: «Fahrkarten, bitte!» Da stieg er ganz schnell aus dem Bus wieder aus.

Die Jugendlichen leben mittlerweile in ihrer eigenen Welt, und ehrlich gesagt sollte man ihnen in der Stadt – vor allem, wenn sie zu mehreren sind – lieber aus dem Weg gehen. Gerade mit meinem naiven Landei-Blick scheine ich sie ständig zu provozieren: «Ey, du Opfer, willst du Ärger?!» Halten Sie sich in solchen Situationen zurück, das gibt sonst nur Scherereien. Einmal musste sogar die Polizei kommen, weil ich mit einer Gruppe von Graffiti-Sprayern in Streit geraten war. Da habe ich gegenüber den Polizisten aber gleich klargestellt: «Ich habe wirklich nichts gemacht! Ich habe nur die Rechtschreibfehler korrigiert!»

Meine Mutter hat jedenfalls permanent Angst um mich, seit ich in der Stadt wohne. Bei jeder sich bietenden Gelegenheit fleht sie mich an: «Ei Bub, komm doch nach Hüffelsheim zurück! Das ist doch alles viel zu gefährlich! Lass deinen Vater gehen!»

Mein Tipp: Versorgen Sie sich und Ihre Liebsten mit Pfefferspray, mit dem Sie sich bei einem Überfall zur Wehr setzen können. Meine Mutter hatte diesen Ratschlag wohl auch mal irgendwo gelesen, da sie aber nicht wusste, wo sie Pfefferspray herbekommen sollte, hat sie mir bei meinem letzten Besuch einen Pfefferstreuer zugesteckt. Damit hätte ich bestimmt jeden Verbrecher einschüchtern können: «Lass mich in Ruhe, oder ich streu dir einen über!»

Neben Überfällen müssen Sie Ihre Kinder besonders vor Drogen schützen – bei uns auf dem Land wird man ja höchstens vom Güllegeruch berauscht. In den Städten wird man dagegen ständig angesprochen und gefragt, ob man Interesse an Drogen habe. Ein

Dealer malte mir deren Wirkung letztens in den schillerndsten Farben aus: «Willst du nicht mal der Wirklichkeit entfliehen?» Ich antwortete: «Ich komm aus Hüffelsheim, was glaubst du, was ich gerade mache!» Da schaute er mich mitleidig an und ging zum nächsten potenziellen Kunden.

Ich will ehrlich sein. Auch bei uns auf dem Land ist natürlich nicht immer alles «schöne heile Welt». Vor ein paar Jahren zum Beispiel wurde Hüffelsheim von einer richtigen Einbruchsserie erschüttert. Obwohl man sich dabei schon fragt, wer so verzweifelt ist, in Hüffelsheim einzubrechen. Da muss der Einbrecher ja allein 200 Euro erbeuten, um überhaupt das Benzingeld wieder herauszubekommen.

Meine Eltern hatten dennoch schreckliche Angst, dass es auch uns treffen könnte. Meiner Meinung nach vollkommen zu Unrecht, denn mein Vater hat seit jeher für seinen Ersatzschlüssel ein atemberaubend gutes Versteck: unter der Fußmatte. Wenn der Einbrecher das sieht, geht er doch nicht rein, sondern denkt: «Nee, also wirklich nicht. Ich hab auch meinen Stolz!»

Schließlich wurde der Einbrecher gefasst, als er nach einem erneuten Coup mit seinen drei Komplizen im Auto Richtung Stadt fuhr. Letztlich stellte sich heraus: Er handelte allein. Es waren keine drei Komplizen, sondern lediglich drei Hüffelsheimer, die eine Mitfahrgelegenheit in die Stadt gesucht hatten.

Wenn Sie Ihr Kind in der Stadt auf die Schule schicken, sehen Sie sich möglicherweise mit einem Ihnen bis dato völlig unbekannten Phänomen konfrontiert: dem Schuleschwänzen. Auf dem Land kennt man das ja kaum – der Alltag dort ist so langweilig, dass die Schule als attraktive Abwechslung empfunden wird. Deshalb machen selbst Jugendliche ihren Freundinnen Heiratsanträge. Man hat einfach nichts Besseres zu tun.

In jedem Fall sollten Sie Ihr Kind vor dem Schulbesuch auf die unterschiedlichen Konnotationen bestimmter Dinge aufmerksam machen. Für ein Kind vom Land mag es normal sein, wenn es in einem Fragebogen für die Schülerzeitung als Lieblingsgeruch «Gras» angibt. In der Stadt würde das allerdings mit einem unerwünschten Besuch des Direktors bei Ihnen zu Hause enden.

Außerdem kann es passieren, dass sich Ihre Kinder gewisse Verhaltensweisen und Begriffe der Mitschüler abschauen und übernehmen. So könnte Ihr Kind von der Schule nach Hause kommen und erst einmal «chillen» wollen. Dann bitte keine Panik! Der Begriff ist mittlerweile unter Jugendlichen sehr geläufig – damit wird ausgedrückt, dass man mal die Seele baumeln lässt und einfach nur zu Hause abhängt. In Hüffelsheim nennt man das «Leben».

Beim Elternabend in den Städten werden Sie mitunter überrascht und verwirrt sein angesichts der dort anwesenden Personen: Nicht nur Väter und Mütter, also die klassische Kernfamilie, werden Platz nehmen, sondern aufgrund der starken Pluralisierung der Familienformen in der heutigen Zeit noch einige andere: die Stieffamilie, die schwul-lesbische Lebensgemeinschaft oder auch alleinerziehende Mütter, die beim Elternabend ihren neuen Freund mitbringen – was sich auch deshalb nicht vermeiden lässt, weil es sich dabei um den Klassenlehrer handelt.

Gewöhnungsbedürftig werden für Sie und Ihr Kind auch die Namen der Mitschüler sein. Bereiten Sie es darauf vor, und üben Sie gegebenenfalls mit ihm, denn es trägt nicht gerade zur gelungenen Integration bei, wenn Ihr Kind die Mutter einer Schulkameradin fragt: «Darf Godzilla mit zu uns kommen?» Zumindest dann nicht, wenn die Kleine eigentlich Graziella heißt.

TOP 3 Die schlimmsten Kindernamen in der Stadt

1. Mafalda-Lioba
2. Otto-Pumuckel
3. Lara-Kunigunde

TOP 3 Die schönsten Kindernamen auf dem Land

1. Heinz
2. Heinz junior
3. Heinz senior

Ihre Kinder werden in den Städten mit Sicherheit so einige Dinge vermissen. Ich denke dabei vor allem an das Spielen in der Natur und den Umgang mit Tieren. In der Stadt ist das nur schwer möglich. Wenn man ein Kind aus der Stadt nach drei Singvögeln fragt, antwortet es: «Die drei furzenden Küken aus dem *Jamba-Sparpaket.*»

Sollten Ihre Kinder das Miteinander mit den Tieren schmerzlich vermissen und Sie ihnen ein paar seltene Tiere zeigen wollen, kann ich Ihnen entweder die Studentenbude meines Cousin Jens empfehlen oder einen Besuch im Zoo. Mittlerweile kann man sogar Patenschaften für einige Tiere dort übernehmen. Das finde ich eine schöne Idee, auch wenn es natürlich eine Frage des Geldes ist, vor allem, wenn das Lieblingstier Ihrer Herzensdame eine Giraffe ist. Da muss man schon mal mit 30 Euro im Monat rechnen. Mein Kumpel Martin dachte sich: Och, zwei Nacktmulche für 10 Euro tun's auch! Das kam bei seiner zukünftigen Frau komischerweise nicht so gut an.

TOP 3 Welche Tierpatenschaften würden meine Eltern übernehmen?

1. Papageientaucher (wobei der Papagei erst tauchen würde, nachdem er die Birkenstocksandalen meines Vaters gesehen hätte)
2. Tausendfüßler (da könnte meine Mutter ihren Lieblingssatz loswerden: «Solange du deine 1000 Füße unter unseren Tisch stellst …»)
3. Rabe (die bräuchten sie nicht zu bezahlen – mit der Begründung: «Wir sind ja Rabeneltern.»)

Doch natürlich ist ein Besuch auf einem Bauernhof oder auf einer Kuhweide, die Bauer Josef immer liebevoll «Rindertagesstätte» nennt, nur schwer zu ersetzen. Ich möchte Sie aus diesem Grund dazu ermutigen, nicht nur Ihrem Kind das Stadtleben, sondern auch den Stadtkindern das Landleben nahezubringen. Oft gibt es da nämlich große Vorurteile und Wissenslücken; so haben Sie sicherlich schon mal von der Untersuchung gehört, in der Berliner Kinder aufgefordert wurden, eine Kuh zu malen. 20 Prozent von ihnen malten sie lila, und 20 Prozent suchten eine «furzende Kuh» in ihrem *Jamba-Sparpaket*. Kaum Erwähnung findet meist, dass die restlichen 60 Prozent die Lehrerin malten.

Wie hilflos Stadtkinder auf dem Land sein können, sehe ich regelmäßig an der Pfadfindergruppe meines Kumpels Oli. Er erzählte mir, dass die Jugendlichen immer als Erstes den Hochsitz eines Jägers besichtigen wollen. Aber nicht aus Interesse, sondern weil ihre Handys nur dort Empfang haben. Neulich weigerte sich ein Mädchen aus der Gruppe, Lisa, unter freiem Himmel zu schlafen. Typisch Stadtkind, dachte Oli. Will nicht schmutzig werden, hat bestimmt Angst vor Spinnen und Regenwürmern. Bis Lisa ihn auf ihre Piercings hinwies. Sie befürchtete nicht, dreckig zu werden, sondern hatte Angst davor, zu rosten.

Auf dem Land kennt man sich mit Piercings und Tattoos nur bedingt aus. Mein Kumpel Martin hatte sich mal einen Nasenring machen lassen. Das führte in Hüffelsheim zu positiven Reaktionen, denn als Martin einmal vorm «Goldenen Ochs» stand, konnten die Gäste ihre Hunde an ihm anleinen. Es ist doch immer wieder schön zu sehen, dass auch wir vom Land zu kreativen Interpretationen fähig sind.

Jetzt haben Sie Genaueres darüber erfahren, wie Stadteltern mit ihren Kindern umgehen, sind mit den Besonderheiten einer Kindheit in der Stadt vertraut und wissen, was Ihnen blüht, wenn Sie dort einer Gruppe Jugendlicher begegnen. Manchmal heißt es einfach: Beine in die Hand und loslaufen. Wohl dem, der dann trainiert ist. Wie das in der Stadt am besten geht, erfahren Sie im nächsten Kapitel!

Mein Vater fotografiert alles.

8. KAPITEL: Sport

Ich ging einmal am Rhein spazieren und hing meinen Gedanken nach. Da überholte mich plötzlich ein Kinderwagen. Das kann schon mal passieren, wenn man sehr langsam geht – ich habe Ihnen ja bereits von meiner Unsportlichkeit berichtet. Dann aber sah ich, dass der Kinderwagen joggte. Also nicht der Wagen selbst, sondern der Vater, der ihn vor sich herschob und dabei angestrengt nach Luft rang. Warum muss in unserer sowieso schon schnelllebigen Zeit selbst der Kinderwagen rasen? Was wohl das Kind von dem skurrilen Hobby des Vaters hielt? Wenn der Vater jeden Tag mit ihm joggen geht und dabei immer so fertig aussieht, wie in dem Moment, als er mich überholte, werden die ersten Worte des Kindes nicht «Papa» oder «Mama» sein, sondern «Ich kann nicht mehr!».

Joggen mit Kinderwagen – so was kann es auch nur in der Stadt geben. Ich jedenfalls war vor meinem Auszug eigentlich nur mit Fußball, Tennis, Tischtennis und dem Schützenverein vertraut. Dabei spielen Kinderwagen eher eine untergeordnete Rolle und dienen allenfalls als Transportmittel für die Bierkästen.

Als allerneuester Trend aus der Stadt galt in Hüffelsheim damals Nordic Walking. Inzwischen ist der Feldweg hinter der Dorfkirche von so vielen Nordic-Walking-Stock-Abdrücken übersät, dass wir ihn nur noch den «Nordic Walk of Fame» nennen. Damit ist eindeutig der Beweis erbracht, dass wir Dörfler uns den Errungenschaften der modernen Welt nicht verschließen: Früher wurden wir mit einem Stock verprügelt, heute wird einer dazugekauft und frohgemut zum Nordic Walking gegangen.

Ich persönlich neige ja, wie Sie wissen, eher nicht zum intensiven Sporttreiben. Wer sich schon quält, wenn er vom Sofa aufstehen muss, für den gilt Wandern bereits als Extremsportart. Diese Faulheit ist allerdings genetisch bedingt, mein Onkel Erwin zum Beispiel ist wesentlich fauler als ich. Seine Frau, meine Tante, wohnte früher zwei Häuser weiter als er. Sie zogen damals nicht aus Liebe zusammen, sondern weil mein Onkel nicht immer so weit fahren wollte, wenn er sie besuchte.

Onkel Erwin schaut sich selbst Fußball lieber im Fernsehen an. Ich hingegen gehe auch ganz gerne mal ins Stadion, dafür lohnt sich ein Stadtbesuch immer. Auch wenn es mich am Anfang irritiert hat, dass Stadien seit neuestem nach den Hauptsponsoren benannt werden, die dann auch noch alle Jubeljahre wechseln: Allianz-Arena, Signal-Iduna-Park, Easy-Credit-Stadion – da muss man immer auf dem neuesten Stand sein. Bis es in Hüffelsheim den «Goldener-Ochs-Bolzplatz» geben wird, werden wohl noch ein paar Jährchen ins Land gehen.

Mittlerweile wird im Stadion ja für alles Werbung gemacht. Nur die Polizisten und Ordner haben bisher keinen Sponsor. Wahrscheinlich, weil für die Sponsorensuche großes Feingefühl vonnöten wäre: Ein blau-weißes Polizeiauto mit der Aufschrift «Kleiner Feigling» käme wohl nicht so gut an.

Welchen Sport auch immer Sie in der Stadt treiben, ich würden Ihnen empfehlen, sich, sofern möglich, erst am Trainingsort selbst umzuziehen. Geht man auf dem Dorf im Trainingsanzug durch die Straßen, mögen die anderen sich zuflüstern: «Wow, ein Sportler!» In der Stadt ist hingegen die Wahrscheinlichkeit groß, dass alle denken: «Oje, Hartz IV!»

Beim Joggen muss man natürlich Sportklamotten tragen, im Anzug zu rennen wäre dann doch etwas unbequem. Wichtig ist in jedem Fall, dabei nicht die Gegend zu betrachten, sondern den Blick an den Boden zu heften: Die Bürgersteige und Parks der Städte sind mit Tretminen gepflastert.

WISSEN: Hundekot

Die Hundehaltung in Städten ist durch die verschmutzten Gehsteige und Straßen zu einem großen Problem geworden. Während Hundekot früher noch zur Herstellung bestimmter Ledersorten verwendet wurde, dient er heute nur noch zur Verärgerung der Stadtmenschen.

20 000 Tonnen Hundekot fallen jährlich allein in Berlin an, aber nur 310 Hundebesitzer werden im Jahr dafür belangt, dass sie ihren Hund haben auf den Gehweg kacken lassen. Sollten Sie je planen, eine Bank zu überfallen, ich garantiere Ihnen, es wird keine Polizei kommen, wenn Sie Ihren Hund vor die Eingangstür machen lassen!

Die Städte haben inzwischen unterschiedliche Mittel ersonnen, der Kackhaufen Herr zu werden: Manche verteilen kostenlos Hundekottüten, in die die Besitzer die Hinterlassenschaft einsammeln sollen. In Wien wird der Hundekot mit Kreide umrandet. Wahrscheinlich stehen bald noch Polizisten daneben und sagen: «Bitte gehen Sie weiter! Hier gibt es nichts zu sehen!»

In der Stadt müssen Sie auch aufpassen, dass der Kot nicht von oben kommt, denn in Städten gibt es gewöhnlich sehr viele Tauben. Während man auf dem Land bei einer Hochzeit gerne Tauben steigen lässt, haben sie in der Stadt leider keinen sonderlich guten Ruf. Enten findet jeder süß, aber Tauben haben ein echt schlechtes Image. Sie sind die Assis unter den Vögeln. Wenn Tiere Fernsehen hätten, dann säßen mittags bei «Britt» nur Tauben. Vielleicht noch ein paar Hyänen, die sind von Natur aus ähnlich gestrickt.

Wenn Sie ob des gesenkten oder auch ob des gestreckten Blicks Genickstarre befürchten und trotzdem nicht auf Sport verzichten wollen, ist der Weg in ein Fitnessstudio sicherlich eine gute Alternative.

WISSEN: Fitnessstudio
In einem Fitnessstudio befinden sich Geräte, die sowohl dem Ausdauer- als auch dem Muskeltraining dienen. Häufig werden auch unterschiedliche Kurse angeboten, wie zum Beispiel Aerobic oder Spinning, die den Menschen vom Land erst einmal vor große Rätsel stellen. Ersteres hat nichts mit Flugzeugen zu tun, wie meine Mutter vermutete, sondern ist ein Ausdauertraining. Und bei Letzterem sitzt man nicht zusammen und spinnt Wolle, sondern fährt gemeinsam auf festmontierten Fahrrädern. Meine Mutter probierte so ein Rad mal im Kaufhof aus. Nach zehn Minuten bemerkte sie: «Vater, das funktioniert so nicht. Du kannst aufhören, mich anzuschieben!» Der Verkäufer unterdrückte sein Lachen und stimmte dem Vorschlag direkt zu.

Ein Vorteil von Fitnessstudios besteht darin, dass sie oft 24 Stunden am Tag geöffnet haben. Wenn man also um vier Uhr nachts nicht schlafen kann, sagt man sich: «Och, da geh ich doch einfach mal schnell ins Studio und stabilisier meinen Rumpf auf dem Balance-Board!»

In einem ungewohnten Anflug von Willensstärke meldete auch ich mich eines Tages in einem Fitnessstudio an. Als der Trainer meine Fitness testen wollte, um mir einen angemessenen Trainingsplan mit den entsprechenden Geräten zusammenzustellen, schlug er die Hände über dem Kopf zusammen: «Das reicht höchstens für den Sitzplatz vor dem Fernseher.»

Ich ließ mich dadurch aber nicht entmutigen und stieg erst einmal auf einen sogenannten Hometrainer, von dem der Trainer sagte, er sei leicht zu bedienen, ich solle mir einfach vorstellen, ich würde eine ganz normale Fahrradtour machen. Was ich auch tat und dafür nach bereits zehn Minuten einen tadelnden Blick des Trainers erntete, weil ich aufgehört hatte zu treten. Mein gelächeltes «Ich fahr gerade bergab!» wollte er einfach nicht gelten lassen.

Nachdem ich dann auch noch irrtümlich in die Frauenumkleide gelaufen bin, wusste ich, dass ich genug Fettnäpfchen mitgenommen hatte und wohl als Karteileiche enden würde. Also blieb ich zu Hause, gründete mein persönliches Fitnessstudio unter dem Namen MC Faul und kürte Onkel Erwin regelmäßig zum «Mitglied des Monats».

Nicht, dass Sie mich falsch verstehen: Ich bewundere Menschen, die täglich ihren inneren Schweinehund überwinden. Mein Schweinehund ist allerdings ein ganz Netter, weshalb ich gar keinen Bedarf sehe, ihn zu überwinden: Er warnt mich vor Regen und Kälte, selbst wenn es dreißig Grad sind, und sorgt dafür, dass ich stets genug Nahrung zu mir nehme. Im Prinzip ist er wie meine Mutter. Die erinnert mich ja auch immer an meine Jacke und sagt beim Essen ständig: «Nimm doch noch was! Es ist doch noch da! Jetzt iss doch mal! Du bist so schmal geworden!»

Nur an Geburtstagen ändert sich das schlagartig. Wenn Tante Lisbeth noch ihre drei Cousinen mitbringt und Onkel Erwin seine Frau und deren zwei Kinder aus erster Ehe, raunt mir Mutter ins Ohr: «Hältst dich aber heute ein bisschen zurück, ja?! Und setz dich bitte an den Kindertisch!» Dort lande ich bei Überfüllung unseres Wohnzimmers immer. Ich glaube, selbst wenn mein Vater seinen 100. Geburtstag feiert, fordert meine Mutter mich noch auf: «Bub, du gehst aber an den Kindertisch, ja?»

Doch kommen wir zurück zu den Möglichkeiten, in der Stadt Sport zu treiben: Eine beliebte Alternative zum Fitnessstudio sind die vielen öffentlichen Parks. Hier haben Sie die Gelegenheit, neben bekannten Sportarten wie Fußball auch weniger vertrauten Formen der Körperertüchtigung zu begegnen. Eine dieser Sportarten wird Sie vielleicht zunächst in Panik versetzen, weil deren Betreiber so wirken, als wollten sie gerade eine Massenschlägerei beginnen. Doch ruhig Blut. Die tun nur so. Die machen Tai Chi.

Versuchen Sie auch nicht, einen Ball zu fangen, der auf Sie zukommt, zumindest nicht, wenn er eher die Maße einer Kugel hat und silbern ist: Hier handelt es sich nicht um eine Ballsportart, sondern um Boule: Die Spieler versuchen, große Eisenkugeln so nah wie möglich an eine kleine Kugel heranzuwerfen. Für meine Tante wäre diese Sportart schon mal nichts. Sie ist Vegetarierin, und mit einer Eisenkugel auf einen kleinen Ball zu zielen, den man «Schweinchen» nennt, wäre mit Sicherheit inakzeptabel für sie.

Die Auswahl an Sportarten ist schon sehr groß in den Städten. Ich schaue mir diese merkwürdigen Sportarten wie Tai Chi oder Boule oft verwundert in den Parkanlagen an. Als beim letzten Mal dann ein Mann auf mich zukam, der seinen Mantel öffnete und darunter nackt war, sagte ich nur: «Ach, endlich mal was, das man kennt!» Mit so etwas kannte ich mich aus: Dies war kein Anhänger einer mir unbekannten Trendsportart, sondern schlicht und einfach ein Exhibitionist.

TOP 3 **Was würden die Leute sagen, wenn ich Exhibitionist in Hüffelsheim wäre?**

1. Matthias, was machst du denn da?
2. Junge, du erkältest dich!
3. Der Mantel gehört doch deinem Vater!

Besondere Erwähnung verdient ein anderes Extremereignis: der Marathon, an dem Tausende Menschen teilnehmen. Wem wie mir bereits der Weg vom Sofa zum Kühlschrank zu weit ist, der sollte davon Abstand nehmen, die 41 Kilometer mitzulaufen, und sich mit der Rolle des anfeuernden Zuschauers begnügen. Wenn man dabei ab und an hochhüpft, weil man einen Blick auf die Läufer erhaschen will, verbraucht man schließlich auch Kalorien.

Ich habe mal bei einem Marathon in Köln zugesehen, bei dem der erste Preis ein Auto war. Im Nachhinein halte ich das allerdings für den völlig falschen Ansatz: Jemand, der eine so lange Strecke in einer so kurzen Zeit laufen kann, braucht doch kein Auto mehr. Derjenige, der beim Marathon Letzter wurde, *der* braucht ein Auto.

WISSEN: Marathon

Der Name «Marathon» geht auf die Legende von einem griechischen Läufer zurück, der angeblich nach dem Sieg der Athener bei der Schlacht von Marathon 40 Kilometer nach Athen zurücklief, um von dem großen Sieg zu berichten.

Leider brach er nach seiner Ankündigung: «Wir haben gesiegt!», tot zusammen. Vielleicht hätte er vorher mal mit einem Kinderwagen trainieren sollen.
Sein Lauf sollte sich dennoch gelohnt haben, denn seither hieß «Haufenweise Kilometer laufen, bis man fix und alle ist» «Marathon». In der Neuzeit am Ende des 19. Jahrhunderts kam der Extremsport wieder auf und wurde 1896 sogar olympisch. Von einem «Marathon» spricht man demnach heute, wenn man genau 42,195 Kilometer läuft oder auch krabbelt. Die Hauptsache ist, dass man ins Ziel kommt. Mittlerweile gibt es auch den «Marathon light», auch Halbmarathon genannt, der lediglich 21 Kilometer beträgt. Ich bevorzuge eher den «Achtelmarathon», den es zwar noch nicht gibt, aber den ich zumindest schaffen könnte. Ein kompletter Marathon wäre in unserem Dorf eh schwierig, da der Platz für eine derart große Strecke nicht ausreicht. Das liefe dann mehr nach dem Motto: 380 Runden ums Rathaus.

Neben meiner schon beschriebenen Faulheit spielt bei mir Angst eine große Rolle, wenn es um die Entscheidung für oder gegen das Betreiben einer Sportart geht. Fassadenklettern oder Bungeejumping wäre nichts für mich: Ich bekomme schon Gänsehaut, wenn ich *Wild*reis esse. Selbst auf dem Rummel würde mich niemals jemand in eines der Fahrgeschäfte bekommen. Ich bleibe lieber draußen und halte die Handtaschen meiner Freunde. Einen 8000er werde ich mit dieser Einstellung wohl nie besteigen. Eher stehe ich unten und halte Reinhold Messners Handtasche.

Die Touristeninformation in Hüffelsheim ist von Montag bis Freitag besetzt – gewesen, vor ca. zwanzig Jahren.

9. KAPITEL: Computer, Internet und Co

Wir auf dem Dorf sind beileibe nicht so hinterwäldlerisch in Sachen Computer und Internet, wie manche vielleicht vermuten: Dank Breitband sind wir auch in Hüffelsheim online. Als Erstes dachte ich bei dem Wort «Breitband» an einen neuen Gürtel für meinen Vater, lernte aber schnell, dass es dazu diente, zügig ins Internet kommen und z.B. in kürzerer Zeit Filme herunterladen zu können.

Ich muss zugeben, dass wir Hüffelsheimer dem WWW zunächst etwas skeptisch gegenüberstanden. Mein Cousin Jens tat sofort kund: «Ich soll meine CDs ab sofort im Internet stehlen? Nee, das mach ich nicht. Ich geh weiterhin in den Kaufhof und klau die CDs da!» Doch wie das im Leben so ist: Oftmals rührt die Skepsis aus Unwissenheit und von Berührungsängsten her. Einmal eine schlechte Erfahrung gemacht, und schon ist das Neue negativ belastet. Meine Mutter zum Beispiel lehnt das Internet strikt ab, weil sie noch immer auf den Schnee von gestern wartet, den sie für vier Euro 20 bei eBay ersteigert hat.

TOP 3 **Wie findet man Hüffelsheim im Internet?**

1. www.amarschderwelt.de

2. www.atlantis.de (und dann unter Partnerstädte)

3. Wenn man bei Google «Keine Treffer» eingibt!

Mein Vater kann dem Internet trotz seines fortgeschrittenen Alters indes sehr viel abgewinnen. Er ist so begeistert, dass er selbst auf Spam-Mails antwortet: «Lieber Herr Spam, danke für

Ihre Nachricht. Ich habe Ihr Angebot einer Penisverlängerung mit meiner Frau besprochen. Sie sagt aber, es wäre nicht nötig. Man solle auch keine Fußballschuhe mehr kaufen, wenn man aufgehört hat zu spielen!»

WISSEN: Spam

Das Wort Spam stammt aus England und ist ein Markenname für Dosenfleisch bzw. gewürztes Schweinefleisch mit Schinken.

Die Verwendung für etwas Nerviges, Überflüssiges, das in den Müll gehört, geht auf die Verwendung des Wortes in einem Monty-Python-Sketch zurück. Darin fragt eine Dame in einem Imbiss nach einem Gericht, das möglichst wenig Spam enthält. Die Bedienung empfiehlt jedoch ein Gericht mit viel Spam. Auf einmal erscheint ein Wikinger-Chor, der lauthals singt: «Spam! Spam! Spam!», unterbrochen von den Schreien der Frau: «I hate Spam!»

In diesem Sketch wird das Wort «Spam» insgesamt knapp hundert nervtötende Mal erwähnt – und so wurde dieser Begriff für unerwünschte Müllmails übernommen. Mein Vater ist zum ursprünglichen Sinn des Wortes zurück und hat sich das Dosenfleisch «Spam» im Internet bestellt. Als der Paketdienst eines Tages vor unserem Haus auftauchte und meinte: «Ihr Spam ist gekommen!», dachte der Nachbar am Gartenzaun vermutlich: Der Jung bekommt eine Penisverlängerung!

Mein Vater hat sich jetzt sogar einem Chat angeschlossen. Unter dem Namen «Apfelmus53» chattet er munter mit anderen Senioren. Am Anfang hatte er noch große Probleme mit den Abkürzungen, die beim Chatten verwendet werden, um Zeit zu sparen. «4 U» hielt er zum Beispiel für den Hinweis auf eine rückwärtsfahrende U-Bahn. Auch die Abkürzung «Rofl» sorgte bei meinen Eltern für große Diskussionen. Als ich schließlich aufklären konnte, dass damit «Rolling on the floor – laughing!» gemeint war, sagte meine Mutter nur: «Also, ich habe nun schon so oft den Boden geputzt, aber mich noch nie dabei herumgerollt und gelacht!»

Mein Vater aber lernte zu unser aller Verwunderung sogar recht schnell, mit diesen Abkürzungen umzugehen, und verbrachte immer mehr Zeit in den Chats. Meine Mutter hatte lange nichts dagegen, weil sie glaubte, beim Chatten ginge es um etwas Historisches. Diese Annahme war durchaus begründet, da es einen germanischen Volksstamm namens «Chatten» gab, der einst zwischen Fulda und Lahn lebte. Als sie dann herausfand, dass sich mein Vater nicht mit historischen Stämmen aus Hessen beschäftigte, sondern mit «Bügelgöttin55» aus Leipzig plauderte, hat sie das doch sehr getroffen. Schließlich sah sie sich selbst im Olymp des Putzhimmels an höchster Stelle. Dank meiner Vermittlung wurde die drohende Ehekrise allerdings abgewendet.

Für Facebook konnte ich meinen Vater allerdings noch nicht begeistern. Als ich ihm eine Freundschaftsanfrage schickte, lehnte er sie mir gegenüber mit den Worten ab: «Das ist mir nun wirklich zu privat!» Während er das sagte, stand er in seiner Feinrippunterhose vor mir und trug ansonsten lediglich das Kleid der Natur. Ich konnte nicht anders und entgegnete mit Blick auf seinen behaarten Bauch: «Und DAS ist MIR zu privat!»

Glücklicherweise habe ich inzwischen schon viele andere

Freunde bei Facebook gefunden, denn mittlerweile hat sich halb Hüffelsheim dort angemeldet, auch wenn einige der Funktionen für uns überflüssig sind: Um zu wissen, wo sich unsere Freunde gerade befinden, genügt es, aus dem Fenster zu schauen.

Die steigende Facebook-Nutzung bleibt jedoch nicht ohne Folgen: Die Nachbarstochter war sogar mit ihrem Handy während des Mathe-Unterrichts bei Facebook, als auf ihrer Pinnwand plötzlich der Text «Komm bitte an die Tafel! Gruß, Deine Lehrerin» auftauchte. Den Eintrag begrüßten 24 Mitschüler mit einem Klick auf «Gefällt mir»!

TOP 3 **Welche Nachricht bekommt die meisten «Gefällt mir»-Klicks in Hüffelsheim?**

1. «Ich mach Nudelsalat!» (meine Mutter vor ihrem Geburtstag)
2. «Ich hab 20 Whiskey-Cola geschafft» (mein Vater nach der Kirmes)
3. «Endlich haben wir Internet» (alle Hüffelsheimer)

Welche Aussage bekommt die meisten «Gefällt mir nicht»-Klicks in Hüffelsheim?

1. «Sorry, dass die Mayonnaise schlecht war!» (meine Mutter nach ihrem Geburtstag)
2. «Ich trink nix!» (mein Vater vor der Kirmes)
3. «Wann kommt bloß die Telekom?» (alle Hüffelsheimer)

Die sogenannten sozialen Netzwerke werden auch genutzt, um sich zu verabreden, Partys zu organisieren oder auch einen Flashmob zu planen, der sich dadurch auszeichnet, dass mitten in der Stadt eine «sinnfreie Aktion» durchgeführt wird. Typisch hierfür sind eine schnelle Zusammenkunft, ein identisches Handeln der Menschen und die abrupte Auflösung des «Mobs» nach wenigen Minuten. All das wünscht sich meine Mutter auch immer für unsere Verwandtschaft an Weihnachten, leider ohne Erfolg. Wie Sie bei Ihrem Besuch in der Stadt einen solchen Flashmob erkennen? Ganz einfach: Wenn Sie beobachten, dass auf einmal wie aus dem Nichts Hunderte von Menschen eine Kissenschlacht beginnen, eine McDonald's-Filiale stürmen, um dort Cheeseburger zu kaufen, oder mitten in der Fußgängerzone plötzlich zur Salzsäule erstarren, dann handelt es sich nicht um eine städtische Extremsportart, sondern um einen Flashmob.

Natürlich gibt es, gerade, was Computer und Internet angeht, noch immer große Unterschiede zwischen Land und Stadt. So wird das drahtlose lokale Netzwerk, das WLAN, in den Städten flächendeckend ausgebaut und erfreut sich großer Beliebtheit. Das führt dazu, dass die Städter nicht nur zu Hause vor dem Rechner sitzen, sondern auch in öffentlichen Cafés, wo sogenannte Hotspots für den kostenlosen Zugang zum Internet sorgen. Der einzige Hotspot, den es in Hüffelsheim gibt, ist der Steinbackofen von Wirt Heinz.

Die Tatsache, dass Sie das WLAN mittlerweile auch mit dem Handy nutzen können, sollten Sie sich unbedingt für Ihren Überlebenskampf in der Stadt zunutze machen. Ich empfehle Ihnen die Nutzung einiger Apps auf Ihrem Smartphone, die Ihnen den Alltag deutlich erleichtern werden: Sie können damit Sehenswürdigkeiten finden, erfahren, wie das Wetter wird, usw. Natürlich gibt es auch recht nutzlose Apps wie die «Animal-App», bei der man ein Tier anklickt und anschließend das Handy schüttelt, um die passende Tierstimme hören zu können. Mein Cousin Jens verschreckte damit neulich meine vegetarische Tante nachhaltig: Sie biss in ihren Tofu-Burger, und ein lautes Muhen ertönte. Ein andernmal übertrieb ich es ein wenig und schlug mit Jens' Handy nach einer Fliege. Verwundert sah er mich an und verlangte nach einer Erklärung. Ich entgegnete: «Du hast doch bestimmt eine Fliegenklatschen-App!» Er antwortete: «Nee, aber nach dieser Aktion wohl ein kaputtes Handy!»

Eine gewisse digitale Kluft zwischen Stadt und Land kann ich also nicht leugnen.

So oder so empfehle ich Ihnen, gleich nach Ihrem Umzug in die Stadt einen Internetanschluss zu beantragen. Für Ihre noch nicht geborenen Kinder sollten Sie dies gleich mit erledigen, denn sie werden lange, lange darauf warten müssen. Mir hatte man auf meine Anfrage hin gesagt, dass ich in fünf Monaten mit einem Telekommitarbeiter rechnen könne, der die notwendige Freischaltung durchführen würde. Ob ich freitagvormittags Zeit hätte? «Eigentlich nicht, da hab ich Sitzung mit meinem Psychologen. Es geht darum, wie ich meine Wut- und Gewaltausbrüche in den Griff bekommen kann. Ich lass das aber gerne für Sie ausfallen!» Vier Tage später war ein Mitarbeiter zur Installation da.

Wenn das früher so gewesen wäre, hätten wir es in Sachen Kommunikation noch nicht weit gebracht: «Du, ich will Rauchzeichen geben, könntest du mir mal eine Feuerstelle einrichten?» – «Ich habe 35 000 Jahre vor Christus noch was frei, so zwischen 14 und 16 Uhr. Bist du da in deiner Höhle?»

Wenn man dann allerdings erst mal einen Telefon- und Internetanschluss hat, ist der Service hervorragend. Mit der Zeit begannen mir aber die Anrufe von Telekommitarbeitern, die mir irgendwas Neues andrehen wollten, wirklich auf die Nerven zu gehen. Mein Tipp: Erinnern Sie sich an Ihre Mutter. Zumindest, wenn Sie auch nur ansatzweise so ist wie meine. Ich begann einfach, am Telefon die Dinge von mir zu geben, die sie immer sagt, wenn ich nach längerer Zeit (also acht Stunden) mal wieder zu Hause anrufe.

«Ja, hier ist Christian Rohde von der Telekom, schönen guten Tag!»

«Dass sich der feine Herr auch mal wieder meldet! Sag mal, lebst du eigentlich noch?»

«Äh ja …, wir hätten da ein Angebot: Telefon-Flat und Internet-Flat für zusammen nur 19 Euro!»

«Das ist typisch! Wenn du Geld brauchst, rufst du an!»

«Das geht auch schnell – ein Anruf genügt!»

«Ein Anruf? Du kannst dich ruhig mal öfter melden. Und ruf auf jeden Fall die Oma an. Du hast dich noch gar nicht für dein Geburtstagsgeschenk bedankt! Die wartet schon!»

«Ähm, also, ja, überlegen Sie doch mal, nur 19 Euro, das wär doch was für Sie!»

Herr Rohde ließ nicht locker, ich musste zu härteren Mitteln greifen.

«Ich überlege es mir und rufe Sie heute Abend zu Hause an. Oder ich komm vorbei – das wär doch was für Sie!»

Seitdem habe ich nie wieder etwas von ihm gehört.

Wenn wir über technische Neuerungen sprechen, darf das Radio nicht unerwähnt bleiben. Ich weiß, Sie denken jetzt bestimmt, ich gehe zu weit, wenn ich meine, Ihnen das Radio erklären zu müssen. Will ich doch aber gar nicht. Natürlich wissen auch wir Landeier, was ein Radio ist und wie es funktioniert. Die Radiobenutzung in der Stadt erfordert jedoch eine gewisse Umstellung, besonders, was die Feinmotorik angeht: Hier kann man eine so große Anzahl von Sendern empfangen, dass man beim

Sendersuchen schon ein gewisses Fingerspitzengefühl an den Tag legen muss. Auf dem Land reichen grobmotorische Fähigkeiten vollkommen aus. Wenn dort auf dem Radiodisplay «104,5» steht, kann man mitunter vermuten, dass es sich dabei nicht um die Frequenz handelt, sondern um die Kilometerzahl bis zu der Stelle, an der man den Sender einwandfrei empfangen kann. Oft fragt man sich, ob das da eben nicht vielleicht ein Außerirdischer war, der über den Sender versucht, Kontakt mit uns aufzunehmen. Bei genauerem Hinhören stellt man aber meist beruhigt fest: Ach nee, war doch nur die Wettervorhersage von SWR 3!

Überhaupt werden Sie in der Stadt mit zahlreichen neuartigen Geräten konfrontiert werden, die ein gewisses Technikverständnis voraussetzen. Statt Videorecordern haben DVD-Player Einzug in die städtischen Wohnzimmer gehalten, Glöckner-von-Notre-Dame-Fernseher sind gegen solche mit Flachbildschirmen ersetzt worden.

Mein Rat: Lesen Sie sich immer die Bedienungsanleitung durch, und experimentieren Sie nicht herum. Wenn Sie sich eine der modernen Kaffeemaschinen anschaffen, die mit Pads funktionieren, benutzen Sie sie bitte wirklich nur mit Kaffeepads. Meine Mutter legte einmal einen Babybel-Käse hinein und wollte die Idee allen Ernstes als Marktlücke verkaufen: Die Senseo Käsefondue-Pads! Jetzt im Handel! Nur für kurze Zeit! Mit verschlechterter Rezeptur!»

Mein Vater dagegen hatte seine Probleme mit der Digitalkamera, die ich ihm zu Weihnachten geschenkt habe. Vor allem eine ihrer Funktionen stellte ihn vor eine schier unlösbare Aufgabe: «Smile detection!» Durch die Lächelerkennung wird das Foto erst nach einem klar sichtbaren Lächeln ausgelöst. Das heißt, es gibt keine Fotos von meinem Vater. Auch in einigen

Teilen Ostdeutschlands wurde dieser Typ Kamera zurückgerufen, weil niemand Fotos damit knipsen konnte. Dass man bei der Digitalkamera Fotos problemlos löschen kann, kommt meinem Vater wiederum zugute. Denn ihm fehlt einfach jegliches Talent zum Fotografieren. Beweismaterial hierfür lässt sich in unserem Wohnzimmerschrank finden: In den dort aufbewahrten Fotoalben gibt es zahlreiche Fotos von Menschen ohne Köpfe. Wenn nach hunderttausend Jahren die Menschheit auf der Erde komplett ausgelöscht ist und die Außerirdischen die Fotoalben meines Vaters finden, werden sie denken: «Krass, die Menschen waren alle kopflos!»

So, genug über die neuesten technischen Errungenschaften fabuliert, Sie wollen schließlich was erleben. Das geht besonders gut, wenn es langsam dunkel und Nacht wird. Damit Sie beim Ausgehen alles richtig machen, lesen Sie aufmerksam das nächste Kapitel: In ihm dreht sich alles ums Feiern!

Neues Gerät in Hüffelsheim.

Cousin Günther hat gewonnen!

10. KAPITEL: Feiern und Ausgehen

Es ist 19 Uhr an einem kalten Samstagabend im Dezember in Hüffelsheim. Keine Menschenseele ist auf der Straße. Die Schneeflocken rieseln leise, der kalte Wind pfeift durch die Tannen, und es herrscht eine unglaubliche Ruhe. Wenn mein Fahrlehrer zu mir sagte: «Achte auf den toten Winkel!», war das in Hüffelsheim Stress pur – es gab einfach zu viele davon. Das Dorf wirkt nach 17 Uhr und am Wochenende immer wie ausgestorben. Wahrscheinlich ist das der Grund, warum mein Vater nicht müde wird, mit Besuchern von außerhalb zu scherzen: «Ich hoffe, ihr habt euren Kulturbeutel dabei, schaut ihn euch gut an, denn mehr Kultur werdet ihr hier nicht erleben.»

Szenenwechsel. Gleicher Tag, gleiche Uhrzeit. Wir befinden uns in einer deutschen Großstadt. Hier herrscht reger Verkehr in den Straßen, man spürt eine gewaltige Energie, Hunderte Menschen strömen nach Hause, um sich fertig zu machen für die Nacht der Nächte. Die Stadt ist hell erleuchtet, Sehenswürdigkeiten werden sogar mit Flutlichtern in Szene gesetzt. In Hüffelsheim undenkbar – warum sollte man einen Kuhstall anstrahlen?

Es ist Samstagabend in der Stadt, und es existieren so viele Möglichkeiten, was Sie mit diesem Abend anfangen können, dass es Ihnen schwerfallen wird, sich zu entscheiden: Theater, Oper, Ballett, Konzert, Vernissagen, oder wollen Sie doch einfach nur tanzen gehen oder die Happy Hours in unzähligen Kneipen, Lounges und Bars nutzen? Bei Ihrer Entscheidung können Ihnen spezielle Zeitschriften helfen, in denen nichts anderes steht, als was wann wo in der Stadt los ist. Das müssen Sie sich mal auf der

Zunge zergehen lassen: komplette Zeitschriften! In Hüffelsheim kennt man den gesamten Veranstaltungskalender eines Jahres auswendig: Letztes Wochenende im Juli ist Kirmes.

TOP 3 **Die drei wichtigsten Veranstaltungen in der Stadt**

1. Nacht der Museen
2. Nacht der Clubs
3. Nacht der Wissenschaft

Die drei wichtigsten Veranstaltungen im Dorf

1. Nacht
2. Nacht
3. Nacht

Wofür Sie sich auch entscheiden, stürzen Sie nicht einfach drauflos. Die erste Überlegung muss sein: Was ziehe ich an? Ja, auch wenn Sie ein Mann sind, sollten Sie sich diese Frage stellen. Auf Dorffesten ist man meist mit einem einfachen Hemd und einer Jeans (Männer) bzw. einem schicken Oberteil und einer Jeans (Frauen) gut bedient. Mein Vater zieht zum Beispiel seit Jahren immer dasselbe hellblaue Hemd zu unserer Kirmes an. Wenn er meinen kritischen Blick sieht, sagt er stets: «Das ist halt mein Outfit!», woraufhin ich immer denke: «… aber mit der Betonung auf der ersten Silbe …»

Machen Sie also nicht denselben Fehler. Putzen Sie sich lieber heraus! Vor allem, wenn Sie sich für einen Oper-, Musical- oder Theaterbesuch entscheiden. Sie müssen auch nicht befürchten, den feinen Zwirn durch langes Platzfreihalten zu zerknittern: Es gibt, anders als bei Veranstaltungen auf dem Dorf, Platzkarten!

Um bei Aufführungen in Hüffelsheim den besten Blick auf

die Bühne zu erhaschen, haben meine Eltern immer meine Oma vorgeschickt. Obwohl ich zugeben muss, dass man aufgrund der Raumgröße von *jedem* Platz einen guten Blick auf das Geschehen hat. Aber man will ja den besten. Deshalb ging meine Oma immer bereits um 17 Uhr 30 – das Theater begann um 20 Uhr – mit Strickzeug bewaffnet zum Gemeindehaus und hielt den Platz für meine Eltern frei, bis diese eine Viertelstunde vor Veranstaltungsbeginn gemütlich eintrudelten. Meine Oma ging dann meist nach Hause, übergab mir meine neuen selbstgestrickten Socken und passte auf mich auf, bis meine Eltern von einem schönen Theaterabend inklusive Topplätzen nach Hause kamen.

In der Stadt ist das alles nicht nötig, obwohl ich die Vorstellung eigentlich ganz nett finde: Die AOL-Arena in München, es ist 10 Uhr morgens – Konzertbeginn ist 20 Uhr –, und ein paar Omas sitzen schon da und halten Plätze frei. Abends kommt dann Robbie Williams auf die Bühne gestürmt, meine Oma wirft ihm die selbstgestrickten Schlüpfer zu und geht wieder – «Let me entertain you» summend.

Auch in städtischen Kinos erwerben Sie natürlich Platzkarten. Ich empfehle Ihnen wirklich sehr, einmal ein solches Multiplex-Kino zu besuchen, bisweilen laufen dort sechs Filme in zehn Sälen gleichzeitig! Bei seinem ersten Kinobesuch in der Stadt musste ich meinen Vater mit allen Mitteln der Überredungskunst davon abbringen, nicht bereits nach dem Eintritt ins Foyer wieder nach Hause zu gehen, so beeindruckt war er von dessen Größe und Architektur: «Was brauchen wir denn noch einen Film schauen? Das hier allein ist doch schon großes Kino!»

Es ist ja nicht so, dass wir Landeier kein Kino kennen, bei uns im Gemeindehaus werden auch manchmal Filme gezeigt, und im Nachbarort gibt es sogar ein richtiges, wenn auch vergleichsweise kleines Kino. Aber das Filmangebot lässt doch zu wünschen übrig: Letzte Woche lief als brandneuer Film *Winnetou 3* an.

Nachdem ich meinen Vater überzeugt hatte, an die Kasse zu gehen und doch noch Karten zu kaufen, wurde er erneut mit etwas Unbekanntem konfrontiert: Kuschelsitze, also Sitze, die keine Armlehne in der Mitte haben. Mein Vater sagte nur empört zu der Kassiererin: «Ob ich einen Kuschelsitz will? Ich kenne Sie doch gar nicht, ich kuschle doch nicht mit jeder!» Nach ein wenig Aufklärungsarbeit entschieden sich meine Eltern letztlich doch für einen Kuschelsitz, mein Vater nahm den in Reihe 11 und meine Mutter den in Reihe 7. Beide waren sich einig, den Platz für sich alleine zu brauchen. Außerdem will meine Mutter immer unbedingt am Rand sitzen, da sie schnell auf die Toilette gehen können muss.

Das ist besonders wichtig bei Filmen, die länger als 90 Minuten dauern. Doch seien Sie gewarnt: Sollten Sie die Toilette in diesem Fall lediglich verschwommen wahrnehmen, haben Sie entweder zu viele der Biere angenommen, die Ihnen mein Vater angeboten hat – er deponiert den Kasten übrigens seit neuestem gerne neben sich auf dem Kuschelsitz –, oder Sie haben vergessen, die 3-D-Brille abzunehmen, die Ihnen die Kassiererin vor dem Film gegeben hat.

In einigen Großstadtkinos könnten Sie sogar auf die Bezeichnung «4D» stoßen. Bei der Steigerung einer 3-D-Vorführung bewegen sich zusätzlich die Sitze, oder ein bestimmter Duft wird – passend zum jeweiligen Film natürlich – in den Kinosaal geleitet. Neulich besuchte ich in Berlin ein 4-D-Kino. Neben mir saß ein Mann, der furchtbar nach Schweiß stank. Dabei wollte ich gar nicht *Stirb langsam 2* sehen!

TOP 3 **Berühmte Filmzitate in der Hüffelsheimer Version**

1. *Star Wars:* «Luke, ich bin dein Vater … und dein Onkel und Cousin!»
2. *The Sixth Sense:* «I can see dead people! I am in Hüffelsheim!»
3. *E.T.:* «Nach Hause telefonieren! Hier geht gar nix!»

Wenn Sie in eine Disco oder in einen Club wollen, sollten Sie besonderes Augenmerk auf Ihren Style legen: chic und einzigartig sollte er sein: Gerade für Frauen gibt es ja nichts Schlimmeres, als festzustellen, dass eine andere Frau das gleiche Oberteil oder das gleiche Kleid trägt. Auf dem Dorf und unter Männern ist das hingegen nicht so schlimm. Wenn ein Kumpel bei der Hüffelsheimer Kirmes das gleiche hellblaue Hemd wie mein Vater anhätte, würde mein Vater schreien: «Das gibt's ja nicht! Darauf trinken wir einen!»

So oder so könnte Ihr Outfit für das Gelingen oder Scheitern eines Tanzabends verantwortlich sein. Bevor Sie aber endgültig losziehen, dürfen Sie bitte nicht vergessen, genug Geld einzustecken, denn die Preise in den Clubs und Bars sind oft sehr hoch, und mit einem Zwanziger in der Hosentasche kommen Sie nicht weit. Daher empfehle ich Ihnen, sich vorher bei jemandem privat zu treffen und kostengünstig «vorzuglühen». Für alle Stadt-Neulinge: Natürlich sollten Sie die Person auch kennen. Bitte jetzt nicht einfach irgendwo klingeln!

Mit einem leicht erhöhten Alkoholpegel können Sie dann losziehen. Auszugehen gleicht in der Stadt ein wenig einem Computerspiel: Hier wie dort müssen Sie auf dem Weg zum Ziel zahlreiche Abenteuer bestehen: Ampel überqueren, die Irrungen und Wirrungen des Fahrscheinkaufens hinter sich lassen, in der

U-Bahn an der richtigen Stelle aussteigen, nur, um so kurz vor dem Ziel auf *ihn* zu treffen: den Endgegner. Im Fall des Clubs: auf den Türsteher!

Sagen wir es, wie es ist: Wenn der Sie nicht mag, dann lässt er Sie nicht rein. Da hilft alles Betteln nichts. Obwohl, ich hatte einmal Glück mit der folgenden Strategie: Als der Türsteher mich anblaffte: «Mit der Fresse kommst du nicht rein!», wollte ich mich nicht so leicht unterkriegen lassen und bin geblieben. Doch statt ihn anzuflehen, es sich doch anders zu überlegen, stellte ich ihm nervige Fragen: Wie ist es so, den ganzen Abend vor einer Tür zu stehen? Haben Sie als Kind auch die Türchen des Adventskalenders bewacht? Was war denn der Auslöser Ihres Berufswunsches? Haben Sie sich, als Sie in der Schule vom Lehrer vor die Tür geschickt worden sind, gedacht: Och, das könnte ich mir eigentlich auch beruflich vorstellen? Gibt es eigene Kuckucksuhren für Türsteher, bei denen der Vogel nur vor der Tür steht? Den Todesstoß versetzte ich ihm aber mit der Frage: Zählen Fußmatten eigentlich als Kollegen? Entnervt ließ er mich rein.

Mittlerweile finden Sie Türsteher nicht nur vor Discotheken oder Clubs, sondern auch vor Parfümerien, Bekleidungsgeschäften und Lebensmittelläden. Wenn vor unserer Metzgerei Karsch in Hüffelsheim ein Türsteher Position beziehen würde, wären viele Leute mit Sicherheit erst einmal geschockt. Neben dem Schild mit der Aufschrift: «Heute im Angebot: 1 kg Hackfleisch!», stünde dann einer, der das problemlos aus einem machen könnte – keine schöne Vorstellung!

Wobei nicht unerwähnt bleiben darf, dass wir bei besonderen Dorf-Veranstaltungen auch schon Türsteher hinzugezogen haben. Bei uns heißen die allerdings «Zeltsteher», da die meisten Veranstaltungen im Zelt stattfinden. Kommt dieser dann extra aus

Frankfurt angereist, während DJ Marco aus Hüffelsheim auflegt, dann ist eins schon mal sicher: Bei uns ist der Türsteher der Top-Act!

Haben Sie den Endgegner «Türsteher» besiegt, werfen Sie einmal einen Blick auf die Uhr: Wahrscheinlich ist es schon nach Mitternacht. Viel früher geht man in den Städten nicht aus. Auf dem Dorf wäre das undenkbar; wenn man dort um zwei Uhr auf die Kirmes geht, wird man dazu genötigt, die Alkoholleichen heimzufahren. In der Stadt dagegen werden Kinder, die zwei Wochen nach Geburtstermin auf die Welt kommen, wahrscheinlich bald Frühchen genannt.

Schöne, attraktive Frauen haben meist keine Probleme, in Clubs gelassen zu werden, selbst wenn sie ihre Haustiere dabeihaben. So konnte ich einmal eine perfekt gestylte Dame beobachten, die ihren Hund in ihrem Täschchen mit sich trug und sofort durchgewinkt wurde. Drinnen lagen alle Blicke auf ihr. Ich habe mir daraufhin beim letzten Discobesuch auch mal den Hund von der Nachbarin ausgeliehen, allerdings mit mäßigem Erfolg. Der Schäferhund im Adidas-Rucksack machte wohl nicht viel her.

Wenn Sie es erst mal sicher auf die Tanzfläche oder an die Bar geschafft haben, empfehle ich Ihnen, die Begrüßung der Gäste untereinander etwas genauer zu studieren. Männer klatschen sich ab, klopfen sich weltmännisch auf die Schulter oder geben einander kurz und locker die Hand. Bei dem Anblick würde mein Vater garantiert die Krise bekommen, denn wenn Männer auf dem Dorf Hände schütteln, geht es darum, dem anderen dabei die Hand zu brechen. Erst dann sind alle zufrieden, lächeln begeistert und sagen anerkennend: «Der Karl gibt mal anständig die Hand! Schöner fester Händedruck. So, jetzt ab zum Röntgen ins Krankenhaus!»

Frauen untereinander oder Männer und Frauen begrüßen sich oft mit einer Umarmung oder auch mit einem einfachen, zweifachen oder dreifachen Küsschen auf die Wange. Dabei ist es wichtig, nur die Wange aneinanderzulegen und die Luft schräg hinter dem zu Begrüßenden zu küssen. Der Sinn dieses Luftkusses hat sich mir noch nicht ganz erschlossen. Auch die Regel, nach der sich die Anzahl der Küsschen richtet, ist für mich ein Buch mit sieben Siegeln. Wenn Sie dahinterkommen: Mailen Sie mir!

Nichtsdestotrotz habe ich mir diese Art der Begrüßung über die Jahre hinweg angewöhnt. Nur der Taxifahrer, den ich letztens mit Küsschen links, Küsschen rechts begrüßen wollte, hat mich etwas irritiert angeschaut.

Sind Sie einmal in der Stadt zu einer vornehmen Gala eingeladen, gilt es, einiges zu beachten. Hier sollten Sie nicht mit öffentlichen Verkehrsmitteln oder dem Fahrrad erscheinen, Fahrradhelm und Abendkleid passen einfach nicht zusammen, und es macht sich auch nicht so gut, wenn Sie um 22.30 Uhr sagen: «Ich muss jetzt gehen, der letzte Bus fährt gleich.» Gönnen Sie sich also ein Taxi, und lassen Sie sich zum Veranstaltungsort fahren. Wenn dann die Tür geöffnet wird, bleiben Sie ruhig: Es ist kein Fahrgast, der Ihnen das Taxi streitig machen will, sondern ein Portier, der Ihnen das Aussteigen erleichtern möchte. Wundern Sie sich nicht, wenn Sie dabei weich auftreten: Womöglich ist ein roter Teppich ausgerollt, es handelt sich hier um eine besondere Ehre für die Gäste und nicht wie bei Dorfpartys um die nicht vertragenen Reste der Erdbeerbowle.

Und noch eine gute Nachricht: Wahrscheinlich werden Ihnen drinnen sofort Essen und Trinken angeboten. Fragen Sie dann bitte nicht gewohnheitsmäßig nach Besteck, auf derartigen Events gibt es immer nur sogenanntes Fingerfood. Genießen Sie es, hier dürfen Sie endlich mal ohne die Ermahnungen Ihrer Mutter hochoffiziell mit den Fingern essen! Was für ein Spaß!

Sie müssen auch nicht beim Ausschank helfen. Oder haben Sie schon einmal bei einer Oscar-Verleihung die Laudatoren sagen hören: «Der Oscar geht an … George Clooney. Er kann momentan aber leider nicht zu uns auf die Bühne kommen. Er hat noch bis 23 Uhr mit Brad und Angelina Ausschankdienst am Bierstand!»

Die Musik könnte bei einem solchem Event auch etwas anders sein als auf dem Land. Ob Sie da mit Ihrem Discofox oder langsamen Walzer punkten können, sei einmal dahingestellt. Meist haben die Veranstalter internationale DJs engagiert, die moderne Beats auflegen und die – das muss an dieser Stelle erwähnt werden – oft sehr laut sind. Das Schreien meiner Mutter haben wir einmal mit 70 Dezibel gemessen und ist damit gerade noch so im annehmbaren Bereich. (Vom Inhalt einmal abgesehen.) In der Disco kann es allerdings zu Werten von bis zu 120 Dezibel kommen, die für das menschliche Ohr fast schmerzhaft und zudem extrem gesundheitsschädlich sind. Aus diesem Grund besorgen sich viele Städter in der Apotheke für acht Euro Ohrstöpsel, die sie sich auf der Tanzfläche in die Ohren stopfen. Meine Mutter gab dazu einen einfachen, aber treffenden Kommentar ab: «Warum geht ihr nicht zum DJ und sagt einfach ‹Mach mal leiser›?»

Keine schlechte Idee, doch die DJs würden sich darum vermutlich recht wenig scheren, dafür sind sie viel zu konzentriert, denn sie wissen genau: Sie sind für den Verlauf eines solchen Festes enorm wichtig – nur wenn die Musik gut ist und Leute tanzen, spricht man von einer gelungenen Party.

WISSEN: DJ

Der DJ, englisch Disc Jockey, ist ein Mann oder eine Frau, der auf Tonträger, meistens Platten, gespeicherte Musik vor Leuten abspielt und die Auswahl selbst bestimmt. Wunschlieder wie «Griechischer Wein» von Udo Jürgens sind bei professionellen DJs nicht gern gesehen, auch wenn Sie das vom Dorf vielleicht anders gewohnt sein mögen. DJ Marco aus Hüffelsheim spielt jedenfalls immer alles, was man ihm sagt, er ist seit Jahren dabei. Wie lange, kann man an seinen Groupies sehen: Sie schreien statt «Ich will ein Kind von dir!» immer «Ich bin ein Kind von dir!».

Ich für meinen Teil tanze sehr gerne. Neulich dachte ich sogar, man würde mir hinterherpfeifen, als ich die Tanzfläche verließ. Leider war es dann doch nur der durch die laute Musik verursachte Tinnitus, den ich gehört habe.

Ein Markenzeichen meines Tanzstils ist der Finger, den ich John-Travolta-mäßig cool in die Höhe strecke. Die Aussage meines Cousins ernüchterte mich allerdings: «Bei dir sieht das eher aus wie ein Zeichen für den Heimleiter, dass du abgeholt werden willst!» Als dann noch der DJ sein Pult umdrehte, um mich nicht mehr sehen zu müssen, musste ich einsehen, dass ich die Tanzfläche besser verlassen und nie wieder zurückkehren sollte. Dann doch lieber an einen Ort gehen, an dem ich mich auskenne und an dem mir mein Vater so viel beigebracht hat: an die Theke! Doch auch hier muss ich Sie auf etwas Wichtiges aufmerksam machen: Bitte lassen Sie, gerade auch als Frau, Ihr Getränk nie ohne Aufsicht irgendwo stehen. Es gibt genügend merkwürdige Typen, die diese Situation ausnutzen und Ihnen dann Drogen, sogenannte KO-Tropfen, ins Getränk mischen. Danach können Sie sich über mehrere Stunden an nichts mehr erinnern. Manchmal wünsche ich mir solche Tropfen bei einem bevorstehenden Besuch unserer Verwandten.

Der größte Unterschied zu einer Dorfkirmes macht sich am Ende einer Partynacht in der Stadt bemerkbar: Die Jacke befindet sich noch an der Garderobe und liegt nicht im Matsch hinterm Bierzelt, Sie müssen keine leere Salatschüssel suchen, auf die Ihre Mutter zwecks besserer Zuordnung ein Pflaster mit Ihrem Namen geklebt hat, und Sie können ganz bequem noch einmal zur Toilette gehen, statt sich im Halbdunkeln vor windschief aufgebauten Dixieklos anzustellen.

Die Verabschiedung fällt auf dem Dorf meist sehr herzlich aus: Man nimmt sich in den Arm, wünscht sich eine gute Zeit und einen schönen Nachhauseweg. In der Stadt kann das ähnlich ablaufen, muss es aber nicht. Dort gibt es noch den «polnischen Abgang». Davon spricht man, wenn sich Gäste heimlich still und leise vom Ort des Geschehens davonstehlen, ohne sich zu verabschieden, etwa, weil sie keine Lust haben, sich nervtötenden Du-willst-doch-nicht-etwa-schon-gehen-Kommentaren auszusetzen. In Hüffelsheim wäre diese Form der Verabschiedung unmöglich. Nach nur zehn Metern würde man Ihre Flucht bemerken und Ihnen hinterherrufen: «Du willst doch nicht etwa schon gehen!?! Wie? Na gut, aber wir kommen alle mit zu dir nach Hause und werfen noch ein paar Eier in die Pfanne!» Das wäre dann der sogenannte Hüffelsheimer Abgang.

Wenn Sie es geschafft haben, die Party zu verlassen, stellt sich natürlich die Frage, wie Sie jetzt, müde getanzt und angetrunken, am besten nach Hause kommen. Auf dem Dorf habe ich früher immer meinen Vater angerufen und ihn gebeten, mich abzuholen, doch aus mir unerfindlichen Gründen verweigert er mir diesen Gefallen, seit ich in der Stadt lebe.

Davon, eine U-Bahn zu nehmen, kann ich Ihnen jedenfalls nur abraten: Die Gefahr, in Ihrem Zustand einzuschlafen und bis zur Endhaltestelle durchzufahren, wo Sie von einem Schaffner unsanft geweckt und vor die Tür gesetzt werden, ist einfach zu groß. Mir ist das mal während des Karnevals passiert. Ausgesetzt in einem trostlosen Industriegebiet, betrachtete ich mein Spiegelbild in dem Fenster eines Autohändlers und musste zwei Dinge feststellen: Zum einen: Verdammt, jemand hatte mich als Transe geschminkt. Und zum anderen: Eyeliner steht mir.

Um solche Erfahrungen zu vermeiden, rate ich Ihnen bei erhöhtem Alkoholkonsum vom Fahren mit öffentlichen Verkehrsmitteln ab und empfehle stattdessen, ein Taxi zu nehmen. Allerdings nur, wenn Sie sich Straßennamen merken können und nicht wie mein Vater besoffen in der Taxizentrale anrufen und in den Hörer lallen: «Wo ich bin? Bei so 'nem McDonald's.» Stille. «Welchem? Keine Ahnung, hier steht jedenfalls auch irgend so 'ne Kirche!» Die Kirche entpuppte sich letztlich als Kölner Dom.

Wie dem auch sei, ich hoffe, dass Sie einen schönen Abend hatten. Vielleicht haben Sie eine Oper oder ein Musical besucht, in einem Club bis in die frühen Morgenstunden gefeiert, mit dem nettesten Arbeitskollegen in der Kneipe über die schönen Kolleginnen philosophiert oder – und das ist die billigste Variante – sich einfach nur mit einem Bier in den Park auf eine Wiese gelegt (als ich Letzteres einmal bei meinen Eltern im Garten tat, rief meine Mutter aus dem Fenster: «Wart doch, Bub, in zwei Wochen holt dein Vater die Gartenmöbel vom Speicher!», aber das ist eine andere Geschichte).

Nun kommen wir zum letzten Kapitel, das aber eines der zentralen Themen des menschlichen Seins berührt: Männer. Und Frauen. Und Männer und Frauen. Wie findet man sich in der Stadt und vor allem wo? Auf dem Dorf gibt es da lediglich die Ü-30-Partys, bei denen immer eine ganz besondere Stimmung herrscht: Verzweiflung. Alle, die bisher keinen abbekommen haben, versuchen hier ihr Glück. Manchmal findet freitags eine Ü-30-Party statt, samstags eine Ü-40-Party und sonntags eine «Reste Ü-30 suchen Reste Ü-40»-Party. In unserem Altenheim gab es vor kurzem sogar eine Ü-60-Party. Dort ließ der Türsteher jeden rein. Begründung: «Ich hatte meine Brille nicht auf!» Das Getränk des Abends nannte sich «Schnabeltassen-Daiquiri».

Aber genug davon, denn wir sind in der Stadt, die für uns unzählige Möglichkeiten der Partnersuche bereithält. Also, Ihr Lieben, ab ins Getümmel: Wir suchen uns jetzt jemanden für eine Nacht, äh, fürs Leben.

Tratschzeiten meiner Mutter.

11. KAPITEL: Männer und Frauen

Ich gestehe es gleich zu Beginn: Ich verfüge nicht gerade über ein großes Selbstbewusstsein in Bezug auf Frauen. Das rührt wohl von meiner Kindheit: Meine Mutter hat jahrelang darauf bestanden, meine Klamotten auszusuchen und mir die Haare zu schneiden. Immer, wenn ich das Haus verlassen wollte, egal, ob zur Schule oder um auf eine Party zu gehen, hat sie mir Sachen zum Anziehen rausgelegt und mir die Haare «gerichtet», wie sie so schön sagte. Ich behaupte heute, dass ich wesentlich mehr Freundinnen hätte haben können, wenn meine Mutter nicht Hobby-Stylistin gespielt hätte. Selbst die Schafe haben mich damals mitleidig angeschaut.

Als ich dann in die Stadt zog, mir meine Hosen selbst kaufte und zu einem regulären Friseur ging, änderte sich – nichts. Doch halt, einmal war ich in einer Techno-Disco überraschenderweise erfolgreich. Nicole und ich haben uns stundenlang auf der Tanzfläche geküsst. Allerdings denke ich im Nachhinein, dass der Hauptgrund dafür war, dass sie Angst hatte, ich würde wieder anfangen zu tanzen. Vielleicht wurde deshalb nichts aus uns. Grundsätzlich kann ich Ihnen nur abraten, jemanden bei einem Techno-Event anzusprechen, denn die Musik ist so laut, dass Sie sich schlecht unterhalten können. Wobei das bei einigen Menschen sicherlich auch von Vorteil sein kann.

Nach jahrelangem Single-Dasein und mehrfachen Besuchen bei Single-Partys, die auf dem Land so einfallsreiche Namen wie «Fisch sucht Fahrrad», «Prinzessin sucht Prinz mit Gaul» oder «Spargel sucht Stecher» tragen, wollte ich diesen Zustand ein für alle Mal ändern und war bereit, neue Wege zu gehen.

Und so kam es, dass ich eines Tages dieses Café mitten in der Mainzer Innenstadt betrat und mir nicht sicher war, ob ich nicht doch besser zu Hause geblieben wäre. Aber jetzt hieß es Augen zu und durch. Wobei das eigentlich das falsche Motto für die Veranstaltung war, für die ich mich angemeldet hatte. Sie nannte sich «Speed Dating». Man hat sieben Minuten Zeit, einen ersten Eindruck vom Gegenüber zu gewinnen, danach wird gewechselt, und es kommt der oder die Nächste an den Tisch – da sollte man seine Augen wohl besser auf lassen. Was gewöhnungsbedürftig klingt, kann ich Ihnen nur empfehlen: Ich habe letztlich an insgesamt drei Veranstaltungen dieser Art teilgenommen und die vorgegebene Zeit bestens ausgenutzt: Von den sieben Minuten habe ich etwa anderthalb geredet, das jeweilige Mädel eine und meine Mutter die restlichen viereinhalb. Und es hat sich gelohnt: Sie steht noch immer mit zwei der Mädels in Kontakt.

Eine weitere Option ist ein sogenanntes Blinddate: Man hat sich über das Internet oder eine Anzeige im Stadtmagazin kennengelernt und verabredet ein erstes reales Treffen. Dabei kann es natürlich einige Überraschungen geben, wenn sich der «sanfte Musikliebhaber» als tätowierter Heavy-Metal-Freak und die «sportliche Träumerin» als schnarchnasige Hammerwerferin entpuppt – aber das macht es ja gerade spannend. Wichtig dabei: Überlegen Sie sich sorgfältig, welches Erkennungszeichen Sie auswählen. Mein Kumpel Martin hat mal seinen Hund mit zum vereinbarten Treffpunkt gebracht, das Mädel selbst allerdings nie zu Gesicht bekommen. Seiner Meinung nach lag es an seinem rosa Hemd. Meiner Meinung nach lag es an seinem schwarzen Pitbull.

Wenn Sie beruflich in der Stadt unterwegs sind oder dort sogar eine feste Arbeitsstelle angenommen haben, dann wäre eine «After-work-Party» eventuell das Richtige für Sie. Dort kommt man über den Beruf schnell ins Gespräch und kann somit auch nette Kontakte knüpfen. Außerdem fangen diese Partys früh, meist gegen 18 Uhr, an, sodass man rechtzeitig ins Bett kommt, um am nächsten Morgen wieder fit zu sein. Als ich einmal bei einer solchen Party in einem trendigen Restaurant vorbeischaute, fiel mir direkt eine Gruppe von Leuten auf, die bereits um 18 Uhr 15 sturzbetrunken war. Die Erklärung war denkbar einfach: Das waren Lehrer, die saßen bereits seit 14 Uhr da.

Wie Sie feststellen werden, ist die vielversprechendste Art und Weise, dem Töpfchen ein Deckelchen zuzuführen, natürlich das Ausgehen. Schnappen Sie sich also eine Freundin oder einen Kumpel, und ziehen Sie durch die zahlreichen Bars und Cafés – wenn Sie das letzte Kapitel aufmerksam gelesen haben, sollten Sie für alle Eventualitäten gewappnet sein. Der Vorteil bei der Partnersuche in der Stadt: Während auf dem Land ja oftmals noch die Devise gilt «Ab 30 wird zugeteilt», können Sie hier auch im fortgeschrittenen Alter noch den Partner fürs Leben kennenlernen.

Auch einem großen Altersunterschied zwischen den Partnern steht man in den Städten aufgeschlossener gegenüber. So ist es dort nichts Ungewöhnliches, wenn sich eine Siebenundvierzigjährige in einen Einundzwanzigjährigen verliebt und mit ihm zusammenkommt. Für mich ist diese Erkenntnis bitter, denn ich weiß nun: In der Stadt hätten meine Kindergärtnerin Sabine und ich eine Chance gehabt.

Doch Obacht, wenn Sie eine Frau sind, egal, wie alt Ihre neue

Liebe ist: Sollte Ihr männliches Gegenüber etwas von «fürs Leben» erzählen, müssen Sie damit rechnen, dass er dabei an das Leben einer Eintagsfliege denkt.

WISSEN: One-Night-Stand

Der Begriff «One-Night-Stand» kommt aus dem Englischen und bezog sich ursprünglich auf die Theaterwelt. Er bedeutet «einmaliges Gastspiel». Heute tituliert man damit eine sexuelle Beziehung, die nach einer Nacht zu Ende ist, ausschließlich der sexuellen Befriedigung dient und ohne emotionale Bindung daherkommt.

Menschen aus der Stadt sind da offensichtlich etwas ausdauernder. Denn «One-Night-Stand» heißt ja, dass man eine Nacht zugange ist. Bei uns auf dem Land heißt das noch: «SchäferSTÜNDCHEN».

Stadtmänner sind offensiver, als Sie es vom Land möglicherweise gewohnt sind. Mir vertraute mal in Zürich einer an, er sei wie die meisten nur auf eine schnelle Nummer aus. Eine Tatsache, die man einem Mann aus der Schweiz ja zunächst gar nicht so zugetraut hätte.

Natürlich wollen auch die Frauen Männer kennenlernen, und meist stecken tiefe Sehnsüchte dahinter. So gestand mir Marlene, ein Mädel, das ich einmal in einer Bar angesprochen hatte, nach dem dritten Wein: «Ich habe Angst davor, allein zu sein!» Das war natürlich die Steilvorlage für einen wie mich: «Ach, ich weiß, wie du dich fühlst. Ich komm vom Land!» Es entspann sich ein langes, intensives Gespräch, an dessen Ende ich als Sieger vom

Platz ging: Marlene hatte keine Angst mehr davor, allein zu sein, sondern sie war sogar sehr froh darüber!

Ansonsten habe ich aber schon oft den Eindruck, mit meinem Witz einige Pluspunkte sammeln zu können. Humor, das wird Ihnen jede Frau bestätigen, ist enorm wichtig. Letztens fragte ich eine Dame an der Theke: «Kommste noch mit zu mir?», woraufhin sie anfing, sich kaputt zu lachen. Humor kommt eben immer gut an.

Doch halt, machen wir nicht den zweiten Schritt vor dem ersten, schließlich müssen Sie die Frau oder den Mann, die oder den Sie ins Visier genommen haben, erst einmal ansprechen. Der erste Satz, der Anmachspruch, ist enorm wichtig. Sätze wie «Kennen wir uns von irgendwoher?» können Sie in der Stadt unbeschwert sagen, auch wenn das nicht gerade originell ist und auf dem Dorf ein absolutes No-go. Denn dort kennt man sich natürlich von irgendwoher. Wahrscheinlich war man auf derselben Schule, arbeitet in der gleichen Firma wie die Cousine und hat in der derselben Fahrschule Führerschein gemacht. Im Zweifelsfall ist man sogar miteinander verwandt. Die Gefahr besteht in der Stadt eher nicht. Seien Sie also frohen Mutes!

TOP 3 **Sätze, die man beim ersten Date nie sagen darf**

1. Sport ist auch nicht so dein Ding, oder?
2. Hast du eine Schwester in deinem Alter?
3. Kannst du mir Geld leihen?

Sätze, die ich beim ersten Date dummerweise gesagt habe

1. Kommst du noch mit hoch auf einen Kaffee? Meine Mutti macht einfach den besten!

2. Besuch mich doch mal in Hüffelsheim – ich bezahle auch das Fahrgeld!
3. Hast du zwei Schwestern in deinem Alter?

Sätze, mit denen man in der Stadt eine Frau rumbekommen will

1. Auf dem Land sieht man immer die Sterne am Himmel, hier in der Stadt leider nicht, dachte ich. Aber jetzt steht einer direkt vor mir! (Nach einem Bier)
2. Kommste mit? Stell dich nicht so an, wir kennen uns …, nee, kennen wir uns? (Nach 5 Bier)
3. Ich hab hundert Euro! (Nach 20 Bier)

Sätze, mit denen man in der Dorf-Disco eine Frau rumbekommen will

1. Siehste die Sterne da oben, der Schönste ist weg, er ist vom Himmel gefallen und steht jetzt bei mir! (Nach einem Bier)
2. Kommste mit? Stell dich doch nicht so an, wir kennen uns doch schon so lange! (Nach 5 Bier)
3. Erwin, wo ist denn der nächste Wohnwagen? (Nach 20 Bier)

Wenn Ihnen der erste Satz nicht locker über die Lippen kommt, können Sie sich mit Alkohol ein wenig Mut antrinken. Übertreiben Sie es aber nicht! Gelallte Anmachsprüche sind definitiv *nicht* sexy. Am besten ist, beide haben schon etwas getrunken, selbst wenn das bedeutet, dass eine Frau vor Ihnen steht, einen kräftigen Schluck Wein nimmt und sagt: «Du bist nichts für länger. Du bist was für später!»

Ganz wichtig ist allerdings die Frage: Was wird getrunken? Auf dem Dorf hat man nicht viele Möglichkeiten, da man sich bei uns einfach nur zwischen Wein und Bier entscheiden kann. Aber gerade Männer sollten sich bewusst sein, dass sie mit dem Besuch in einer stylishen Cocktailbar im trendigen Szeneviertel der Stadt durchaus bei ihrer Begleitung punkten können. Kommen sie vom Land, werden sie allerdings viele Cocktails nicht kennen, denn gerade so beliebte Drinks wie Strawberry Daiquiri, Caipirinhia oder Planters Punch sucht man auf der Karte des «Goldenen Ochsen» vergebens. Bei uns heißt Cocktail noch Mezzo Mix!

WISSEN: Cocktail

Ein Cocktail ist ein alkoholisches Mischgetränk. Das englische Wort «Cocktail» heißt wörtlich übersetzt Hahnenschwanz. Über die Entstehung dieses Namens existieren die unterschiedlichsten Geschichten und Überlegungen. Eine Erzählung besagt, dass der Hahnenschwanz den Hahnenkämpfen seinen Namen zu verdanken hat. Nach beendetem Kampf hatte der Besitzer des Siegerhahnes das Recht, dem getöteten Hahn die bunten Federn auszureißen. Beim anschließenden Umtrunk wurde diese Trophäe mit einem Drink – «on the Cock's tail» – begossen.

Die erste Cocktail-Bestellung meines Vaters wurde zu einem unfreiwilligen Witz. Er sagte zu der Bedienung: «Ich hätte gerne Sex on the beach und dann noch einen Cocktail!»

Doch auch ich machte neulich eine blamable Erfahrung in dieser Hinsicht, obwohl sie nicht meiner mangelnden Fachkenntnis, sondern vielmehr dem mangelhaften Hörver-

mögen des Barkeepers geschuldet war. Ich kam von der Toilette und ging zurück an meinen Platz. Der Barkeeper stellte einen Cocktail vor mich hin und sagte: «Ihr Caipirinhia!» Etwas überrascht stammelte ich: «Äh, ich habe gar keinen Caipirinhia bestellt, ich war auf Toilette und hab gebrüllt: Kein Papier da!»

Meine Eltern bewältigen ihre Ehe fast ohne Alkohol. Mein Vater trinkt ab und an gerne mal ein Bier, meine Mutter, wenn überhaupt, nur ein Radler, nicht ohne nach zwei Schlucken immer wieder zu betonen, wie betrunken sie bereits sei. Selbst der Hinweis meines Vaters: «Mutti, das ist alkoholfreies Bier», bringt sie nicht von ihrer Meinung ab. Die beiden sind einfach nur herrlich. Mittlerweile sind sie seit 34 Jahren verheiratet, kennen sich in- und auswendig und wissen, wie man dem anderen liebevoll die Hölle heißmacht. Sie lieben sich einfach, oder wie mein Vater in einem Ausbruch an Emotionalität einmal nicht umhinkam zu gestehen: «Ach, weißt du, ich hab eigentlich nichts gegen sie!»

In den Metropolen dieser Welt ist alles viel schnelllebiger, die Städter, so mein Eindruck, wechseln ihre Partner wie die U-Bahnen auf dem Weg zur Arbeit. Und selbst wenn sie zusammenbleiben, ist es meist nur ein Arrangement aus Bequemlichkeit. Meine Nachbarn zum Beispiel sind längst kein Paar mehr, wohnen aber noch zusammen, weil es so schwer ist, bezahlbaren Wohnraum in Köln zu finden. Allerdings schlafen sie in getrennten Betten: sie im Schlafzimmer und er bei der Arbeit.

Viele Städter möchten natürlich an ihrer Beziehung festhalten und suchen deshalb Paartherapien auf oder gehen in

Beratungsstellen. Probieren Sie das gegebenenfalls gerne aus, vielleicht hilft es Ihnen ja. Mein Cousin Jens hat damit allerdings keinen Erfolg gehabt. Jede Woche schickte der Therapeut ihn mit den Worten wieder weg: «Jens, Sie brauchen erst einmal eine Partnerin!»

Doch um Beziehungen soll es hier ja nur am Rande gehen, erst mal steht das Kennenlernen im Fokus unserer Bemühungen. Bevor wir wieder in die Nacht eintauchen, sei kurz erwähnt, dass man in der Stadt auch am Tag jemanden kennenlernen kann. Auf dem Dorf ist das eher schwierig. Ob bei der Arbeit, auf der Straße oder beim Monatstreffen der Freiwilligen Feuerwehr: Überall sieht man die gleichen Gesichter. In der Stadt kann es passieren, dass man sich in einem Café kennenlernt, in der U-Bahn oder einfach auf der Straße, weil man sich zufällig über den Haufen rennt und dabei seinen «Kaffee to go» über den anderen kippt – ob das dann gleich ein Indiz für den Anfang einer heißen Liebe ist, sei dahingestellt, immerhin kommt man so ins Gespräch.

Am Abend ist gerade der Gesprächsanfang etwas komplizierter, denn je feiner sich eine Bar oder ein Club präsentiert, desto schwieriger ist es für einen Menschen vom Land, jemanden anzusprechen. Meist trifft man dort auf starke, selbstbewusste Menschen, die beruflich mitunter mehr vorweisen können als man selbst. Es ist nicht unbedingt gut fürs Selbstbewusstsein, wenn Ihr Gegenüber erzählt, dass er in Cambridge BWL studiert und mit Auszeichnung abgeschlossen hat, danach zwei Jahre in Australien und Neuseeland Geschäftsführer einer erfolgreichen Start-up-Firma war und jetzt gerade von einer halbjährigen Wanderung auf dem Jakobsweg zurückgekommen ist. Meine Erfahrungen klingen vergleichsweise dünn: Ich habe noch immer ein Zimmer bei meinen Eltern, hatte mal einen Job an der Tankstelle im Nachbardorf und musste bis vor kurzem für ein halbes Jahr «Jakobs Krönung» trinken, weil meine Mutter die bei Aldi im Angebot erstanden hatte.

Lassen Sie sich aber nicht von derlei Unterschieden entmutigen. Zahlreiche Studien belegen, dass sich Gegensätze anziehen und 80 Prozent einer Kommunikation sowieso nonverbal stattfinden. Das gefällt mir – die Tatsache an sich und dass ich Wörter wie nonverbal aussprechen kann.

Seien Sie aber gewarnt: Es gibt auch Blender, manchmal sind die Menschen nicht das, was sie zu sein scheinen. In jeglicher Hinsicht. Einmal sah ich eine Dame an der Bar sitzen, die wirklich wunderschön war. Sie trug ein heißes Abendkleid, hatte die Beine übereinandergeschlagen und nippte an einem Cocktailglas. Als sich dieses leerte, nahm ich meinen ganzen Mut zusammen, rief den Kellner und sagte: «Bringen Sie der Dame doch noch einen Cosmopolitan auf meine Rechnung!» Er brachte ihr den Longdrink, sie schaute mich an und lächelte. Ich war auf Wolke Sieben. Bis der Kellner zu mir kam und sagte: «Ich soll dir von Klaus Danke sagen!» Willkommen in der Welt der Travestie, Hüffelsheimer! Doch wir Dörfler sind hart im Nehmen, und so haben Klaus und ich noch bis in die frühen Morgenstunden zusammengesessen, Cocktails geschlürft und uns angeregt über das Thema Eyeliner unterhalten.

Angeregte Unterhaltungen und angenehme Gespräche sind natürlich bei einem Treffen mit einem potenziellen «Deckel» sehr wichtig. Zunächst sollte man die Fähigkeit besitzen, gut zuhören zu können, denn das signalisiert dem Partner Interesse, Aufgeschlossenheit und Neugier und dass man sich selbst nicht so wichtig nimmt. Mein persönlicher Rekord liegt bei zwanzig Minuten konzentriertem Zuhören. Ich hatte den Eindruck, dass der Dame das gefiel. Allerdings hatte ich auch keine andere Wahl: Ich kann nämlich kein Spanisch.

Die Themenauswahl in Städten ist auch etwas anders als auf dem Land. Hier geht es mehr um allgemeine Themen, globale Nachrichten und neue Trends, die die Menschen interessieren. Die neue lasergesteuerte Melkmaschine von Bauer Josef, der Teneriffaurlaub von Tante Hilde oder die Sanierung des benachbarten Weihers mit der Rettung der Bachforelle durch unseren Dorfverschönerungsverein zählen eher nicht zu den angesagten Themen. Bei uns ist man am Arsch der Welt, in der Stadt am Puls der Zeit. Dort stellt man sich Fragen wie: Wie sieht es in der Welt aus? Waren Sie schon mal in New York, Hongkong oder Barcelona? Haben neue Restaurants und Bars eröffnet? Gibt es interessante Ausstellungen oder Museen? Ist die Kirche neben dem McDonald's fertig restauriert? Das sind Themen, die Sie bei einem Gespräch mit einem Herrn oder einer Dame aus der Großstadt durchaus anschneiden können.

Kommt das Gespräch nicht so richtig in die Gänge oder merkt man, dass sein Gegenüber ein kompletter Vollidiot ist, kann man kurz auf die Toilette verschwinden und einem Freund eine Hilfe-SMS schreiben, damit der kommt, um einen zu retten. Ich habe das mal bei einem Date in Frankfurt gemacht, wenn auch ohne Erfolg. Mein Kumpel Martin hat von Hüffelsheim aus geschlagene zwei Stunden gebraucht.

Wenn es bei Ihrem Date allerdings gut läuft und es nach einem richtig schönen Abend an die Verabschiedung geht, gilt es einige Dinge zu beherzigen: Auch wenn Frauen heutzutage emanzipiert sind und über eigenes Geld verfügen, ist es galant, die Dame einzuladen. Ablehnen kann sie immer noch, anbieten sollten Sie es aber in jedem Fall. Und eine gezückte, prallgefüllte

Brieftasche macht außerdem Eindruck – muss ja keiner wissen, dass Sie 21 Fotos Ihres Goldfischs «Goldi» mit sich herumtragen.

Und umgekehrt, meine Damen: Lehnen Sie sich zurück, und lassen Sie ihn doch ruhig sein mühsam verdientes Geld für Ihre Getränke ausgeben. Besser, als wenn er es in seine Goldfischsammlung investiert, oder?

Wenn Sie möchten, können Sie sich natürlich auch die auf dem Land bevorzugte Kostenteilung zu eigen machen: Die Dame bezahlt die Getränke, der Mann das Essen. Sie zahlt also für zwei Bier fünf Euro, er für Schnitzel, Pommes frites, Salat und einen leckeren Nachtisch 20 Euro.

In der Stadt kann die «Hüffelsheimer Kostenteilung» allerdings auch mal ins Wanken geraten, so wie bei mir neulich: Mein Anteil an diesem Abend betrug für zwei Döner 5,20 EUR. Ihre Rechnung hingegen belief sich für zwei Aperol Spritz, zwei Sex on the beach und zwei Cosmopolitan auf 46,80 EUR!

Wir haben uns nie wiedergesehen.

Die weitere Gretchenfrage am Ende des Abends: nach Hause bringen oder nicht? Eigentlich sollte die sich gar nicht stellen, wenn Sie ein Mann sind: Natürlich bringen Sie sie nach Hause! Allein das Angebot imponiert in der Stadt viel mehr als auf dem Land, bedeutet es doch zum Beispiel in Berlin, dass man danach eventuell selbst noch eine Stunde Fahrt auf sich nehmen muss, um nach Hause zu kommen. Das ist natürlich eindrücklicher, als sie mal eben nach nebenan zu begleiten.

Das Date war schön, es soll nicht das letzte gewesen sein? Großstädter empfehlen, sich nicht gleich am nächsten Tag bei dem oder der Angebeteten zu melden, sondern abzuwarten, mindestens drei Tage. Alles andere wirke bedürftig und überengagiert, mache einen uninteressant. Ich sage Ihnen ganz ehrlich: Von dieser Regel halte ich überhaupt nichts, und das nicht nur, weil sie auf dem Land wirklich absurd wäre: Nach drei Tagen hätte man sich in Hüffelsheim schon dreimal beim Bäcker, zweimal beim Metzger und einmal auf dem Sportplatz gesehen. Doch auch in der Stadt finde ich ein solch strategisches Verhalten furchtbar. Wenn man jemanden gernhat, dann soll man das auch sagen und zeigen dürfen. Schicken Sie Ihrer Herzdame doch einen Strauß Blumen nach Hause. Das wird mit Sicherheit zu weiteren Pluspunkten führen.

Auf dem Dorf ginge man wohl eher zum Blumenpflücken in Muttis Garten oder hielte auf dem Nachhauseweg an einem Feld an, auf dem das Schild thront: «Blumen zum Selbstschneiden!» Das ist in jedem Fall die kostengünstigere Variante.

Der Angebeteten den Hof zu machen mag konservativ und uncool erscheinen. Aber so bin ich eben: Ich halte auch viel von Treue, in jeglicher Beziehung – wenn ich im Supermarkt in einer Schlange an der Kasse stehe und eine andere Kassiererin winkt mir mit den Worten zu: «Sie können auch zu mir kommen!», dann sage ich: «Nein! Ich bleibe hier! Ich bleibe bei Frau Schneider!» Meine Treuepunkte bei Rewe will ich mir auch redlich verdienen.

Ich hoffe, Sie halten mir ebenfalls die Treue und schauen mal bei meinen Auftritten vorbei. Ich hoffe außerdem, dass Sie ein wenig Spaß mit meinem Buch hatten und nun wissen, wie man als Landei in der Großstadt überlebt.

Besuchen Sie aber auch ruhig einmal Hüffelsheim! Eine Fahrt nach Hüffelsheim lohnt sich immer. Melden Sie sich gerne vorher bei mir. Dann zeige ich Ihnen unser Dorf. Das ist ja schnell gemacht.

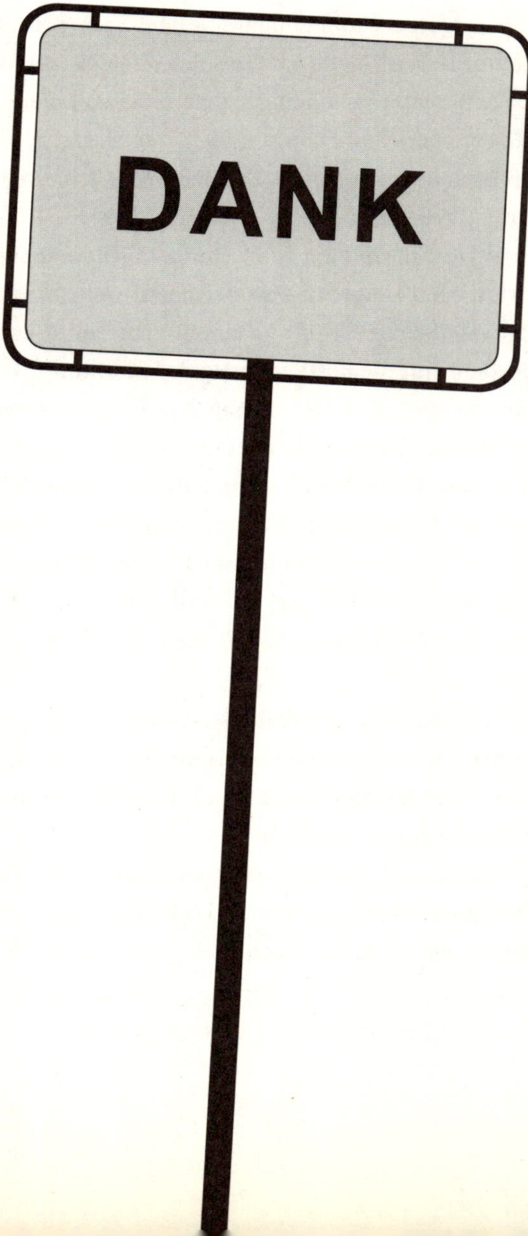
DANK

DANKSAGUNG

Für mich ist mit dem Buch ein großer Wunsch in Erfüllung gegangen. Ich möchte aus diesem Grund den Leuten danken, die das möglich gemacht haben.

Ich danke meiner Freundin Lulu, die mich immer unterstützt und mir immer zur Seite steht. Auch danken möchte ich meinem Sohn Lenny, der während der Bucharbeiten zur Welt gekommen ist und mir immer wieder Pausen verschaffte, da er ständig Hunger hatte. Ich liebe euch!

Ein großer Dank geht auch an meine Eltern, ohne die das Buch nur drei Seiten hätte, und an meinen Bruder Manuel. Bleibt, wie ihr seid. Das ist wunderbar!

Des Weiteren danke ich ganz besonders Julia vom Rowohlt Verlag, die sehr viel Arbeit investierte, sehr viel Geduld bewies und auch in stürmischen Zeiten immer Ruhe bewahrte.

Ebenfalls danke ich Vanessa, die mir half, wo sie nur konnte, und zu jeder Zeit für mich da war. Das war großartig, ich danke dir.

Weitere ganz wichtige Personen bei meinen Arbeiten waren: Petra, Elisa, Steffi und meine Freunde Frank, Gisbert, Sascha, Jan, David, Andre, Janette, Tante Heidi, Anna W. (Merci für die Telekom-Gutschriften).

Außerdem danke ich dem Nutella-Glas für die schönen Stunden und natürlich allen Hüffelsheimern! Es ist schön, eine solch tolle Heimat zu haben.

Ich danke auch allen, die mich auf meinem Comedy-Weg begleitet haben. Hier möchte ich besonders Ausbilder Schmidt,

Renate und den «Quatsch Comedy Club» erwähnen, die mich seit «Ediths Talentschmiede» immer unterstützt haben.

Und der letzte Gruß geht natürlich an meine Oma, denn Oma ist die Beste!

MIX
Papier aus verantwortungsvollen Quellen
FSC® C019821

Das für dieses Buch verwendete FSC®-zertifizierte Papier *Lux Cream* liefert Stora Enso, Finnland.